I0759614

Universo increíble

Escrito por Sophie Allan y Josh Barker
Ilustrado por Tim Smart

Texto Sophie Allan, Josh Barker
Ilustración Tim Smart

Edición John Hort, Robin Moul, Lizzie Munsey
Diseño Charlotte Jennings, Roohi Rais, Mansi Dwivedi, Karen Hood, Samantha Richiardi
Diseño de cubierta Charlotte Jennings
Documentación iconográfica sénior Sakshi Saluja
Diseño de maquetación Dheeraj Singh
Edición ejecutiva Penny Smith
Edición ejecutiva de arte Ivy Sengupta
Edición de producción Becky Fallowfield
Control de producción Ben Radley
Dirección creativa en Delhi Malavika Talukder
Subdirección de arte Mabel Chan
Dirección ejecutiva Sarah Larter

De la edición en español:
Servicios editoriales Tinta Simpàtica
Traducción Anna Nualart
Coordinación de proyecto Helena Peña
Dirección editorial Elsa Vicente

Publicado originalmente en Gran Bretaña en 2024
por Dorling Kindersley Limited
DK, 20 Vauxhall Bridge Road, Londres, SW1V 2SA
Parte de Penguin Random House

002-340527-Sep/2025

Título original: *Amazing Space*
Primera edición: 2025

ISBN: 979-8-2171-2975-1

Impreso y encuadernado en Letonia

www.dkespañol.com

Este libro se ha impreso con papel certificado por el Forest Stewardship Council™ como parte del compromiso de DK por un futuro sostenible.
Más información: **www.dk.com/uk/information/sustainability**

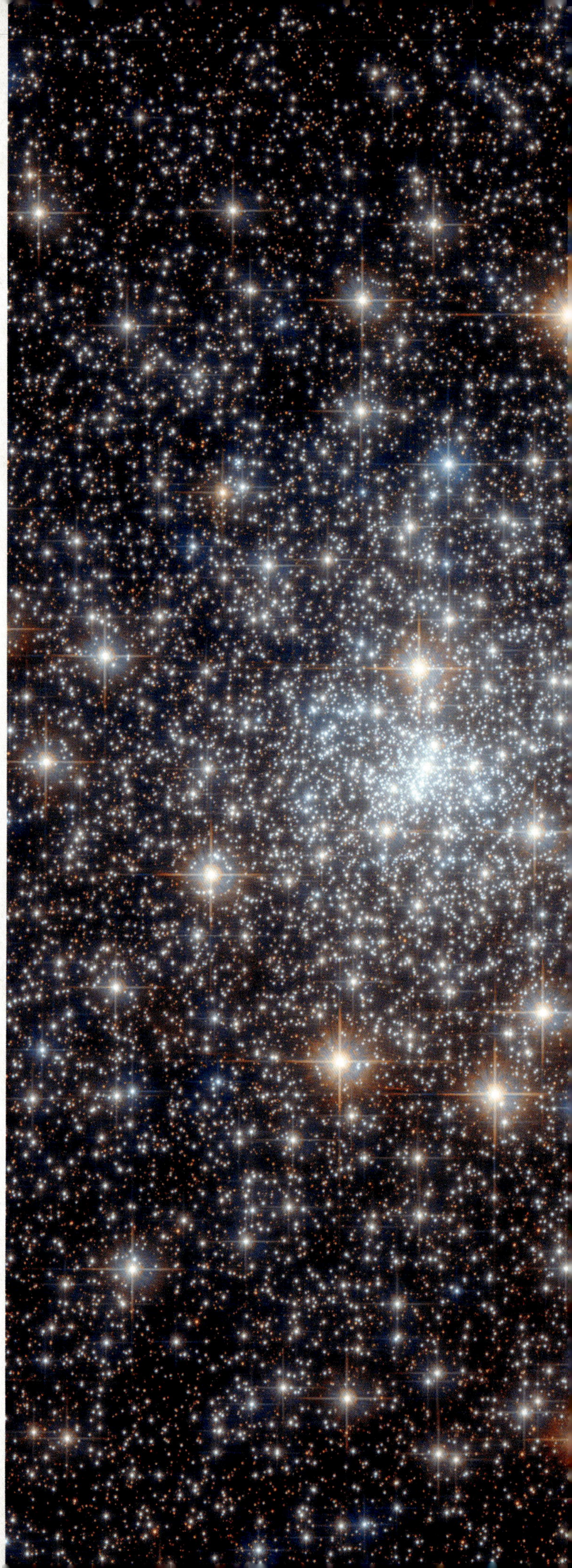

CONTENIDOS

INTRODUCCIÓN

El espacio es un lugar realmente increíble: es misterioso y enorme, y contiene algunos de los objetos más interesantes y bellos jamás vistos. A nosotros nos fascina como fascinó a nuestros antepasados, y esperamos que también a ti.

El espacio ha inspirado siempre a los seres humanos a hacerse grandes preguntas. Miramos al cielo y nos preguntamos qué hay ahí fuera. ¿Qué son esas luces parpadeantes? ¿Podremos ir algún día a la Luna? ¿Qué lugar ocupamos en el cosmos?

Al ir disponiendo de mejores herramientas para asomarnos al espacio hemos descubierto cosas asombrosas. Hemos visto nacer y morir estrellas, hemos rastreado asteroides y cometas que viajan alrededor del sistema solar, e incluso hemos enviado humanos a pasearse sobre la superficie de la Luna.

Con este libro hemos podido abarcar muchos rincones del espacio. El amplio abanico de temas relacionados con el cosmos es lo que lo hace tan interesante. Si te gustan los robots y la tecnología, puedes descubrir impresionantes cohetes y telescopios. Si te interesan los seres humanos y la biología, puedes apasionarte con los viajes de los astronautas. Si te fascina lo raro y lo inusual, querrás sumergirte en el misterio de los agujeros negros y las supernovas.

Sea lo que sea aquello que te interese, en el espacio encontrarás ejemplos asombrosos. Explora, pues, este libro y estamos seguros de que encontrarás cosas que te fascinarán y te animarán a hacerte preguntas. ¿Nos ayudas a desentrañar los misterios del universo?

Sophie Allan y Josh Barker

La foto de la Tierra que ves a la izquierda está tomada por el satélite Suomi NPP.

LA TIERRA DESDE EL ESPACIO

La Tierra está llena de paisajes asombrosos. Viajamos por ella fotografiando océanos, bosques, montañas, ciudades y todo tipo de maravillas. Pero para apreciar realmente su belleza y entender de verdad nuestro increíble planeta, las mejores vistas son desde el espacio.

Esta asombrosa foto de América Central y del Norte fue tomada a una distancia de 824 km.

De noche, los astronautas que miran la Tierra desde el espacio se valen del brillo de las luces de las ciudades y pueblos para saber de qué país se trata.

NUEVAS PERSPECTIVAS

A gran altura sobre la superficie de la Tierra, unas máquinas llamadas satélites viajan alrededor de nuestro planeta. Siguen trayectorias aproximadamente circulares, conocidas como órbitas. Desde arriba, los satélites obtienen una espectacular vista de nuestro mundo. Algunos de ellos toman imágenes detalladas que nos ayudan a comprender nuestro planeta.

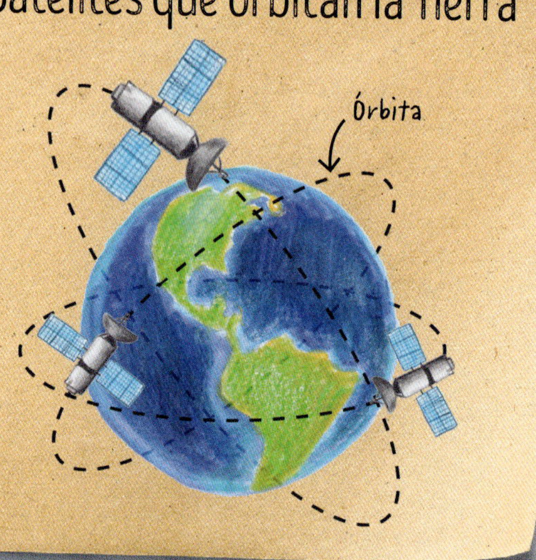

Órbitas veloces

Hay miles de satélites que orbitan la Tierra y tienen usos diversos: predicción meteorológica, comunicaciones y asistencia a la navegación.

Satélite de seguimiento y transmisión de datos.

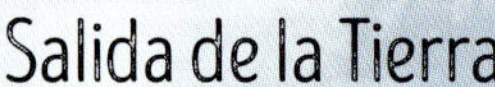

Salida de la Tierra

No todas las imágenes de la Tierra las toman los satélites. El 24 de diciembre de 1968, mientras orbitaba la Luna, el astronauta estadounidense William Anders tomó la famosa fotografía que tituló «Salida de la Tierra».

Esta imagen de satélite muestra las dunas de arena del desierto de Namibia.

Tierra esculpida

El clima es una gran fuerza de la naturaleza que puede causar una gran destrucción, pero que también puede crear bellas formas en la roca y la arena. Los satélites pueden darnos una nueva perspectiva de la meteorización del planeta.

Maravilla natural

La Gran Barrera de Coral australiana alberga 400 tipos de coral, unas frágiles criaturas marinas que forman hermosos bosques submarinos llamados arrecifes. Las imágenes por satélite pueden captar la escala y la salud del arrecife.

Esta imagen muestra 15 de los 2300 km que ocupa el arrecife.

Miles de especies de criaturas marinas viven en la Gran Barrera de Coral.

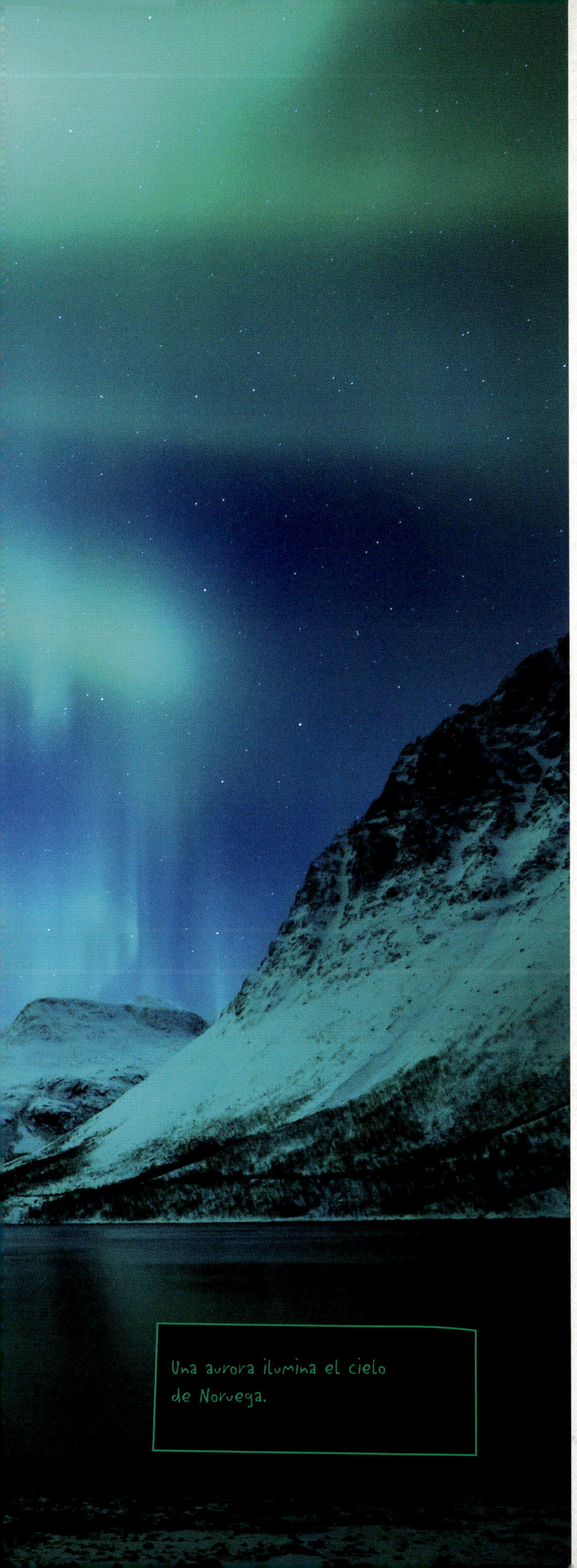

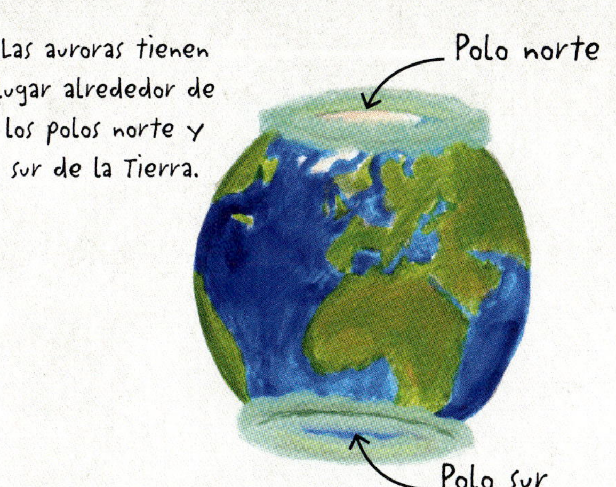

AURORAS

Cuando se dan las condiciones idóneas, un gran espectáculo de luz natural rodea los extremos de la Tierra. Estas llamativas bandas de luz verde y roja se llaman auroras. Llevan siglos cautivando nuestra imaginación. Muchas personas recorren largas distancias para contemplar este espectáculo.

Una aurora ilumina el cielo de Noruega.

La palabra finlandesa para designar una aurora es revontulet, que significa «fuego de zorro». Esto se debe a que los finlandeses creían que las auroras eran causadas por un zorro gigante que movía su cola por el cielo.

GRAN ESPECTÁCULO DE LUZ

Las auroras producen en los polos norte y sur un espectáculo de luces muy llamativo. Su origen fue un misterio durante mucho tiempo, pero actualmente sabemos que son creadas por nuestro activo e impredecible Sol.

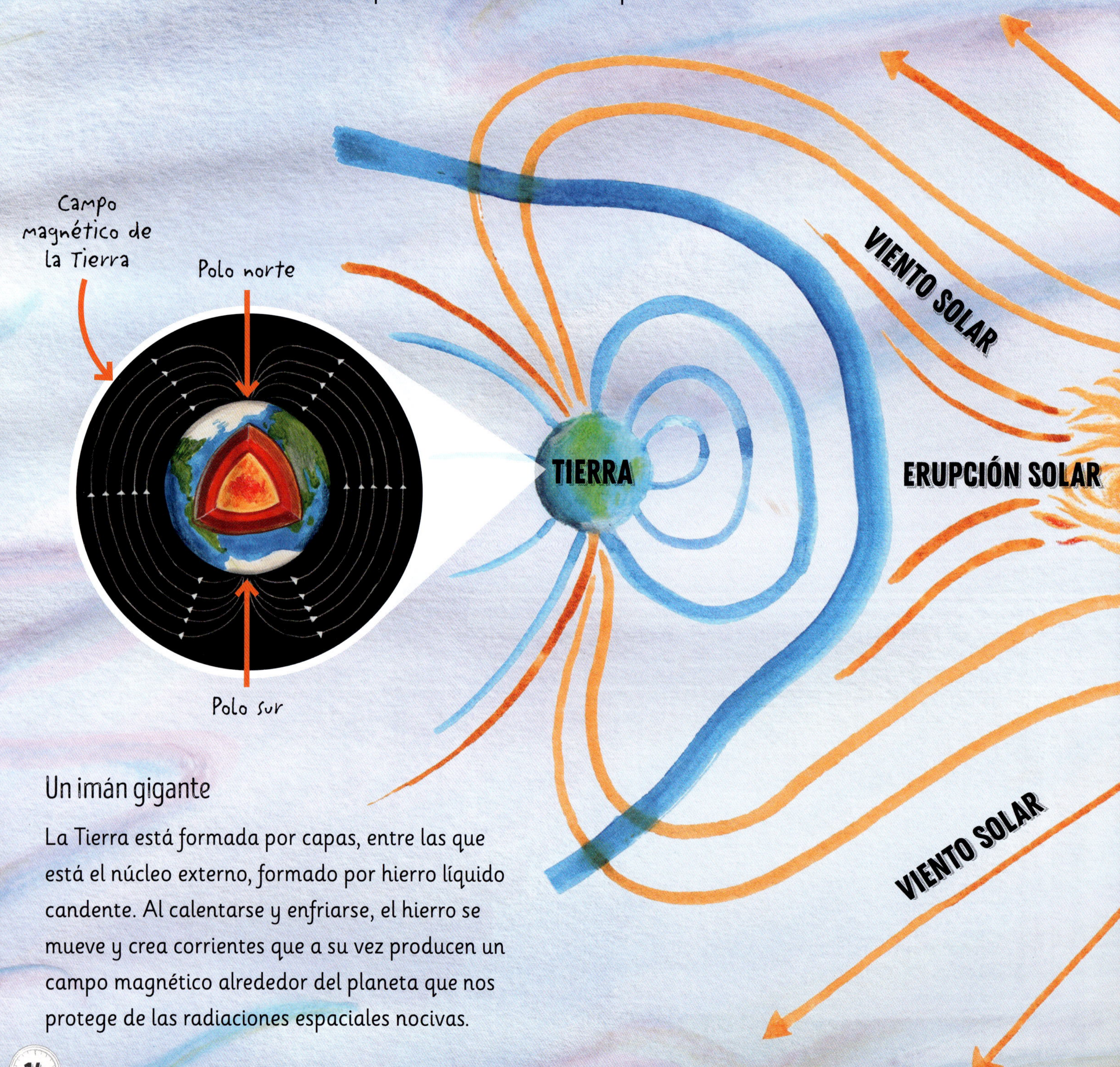

Un imán gigante

La Tierra está formada por capas, entre las que está el núcleo externo, formado por hierro líquido candente. Al calentarse y enfriarse, el hierro se mueve y crea corrientes que a su vez producen un campo magnético alrededor del planeta que nos protege de las radiaciones espaciales nocivas.

Nuestro activo Sol

El Sol es una bola gigantesca de gases calientes de hidrógeno y helio. Está en constante actividad, lanzando al espacio radiaciones de alta energía. Esta radiación se denomina viento solar. En ocasiones, unas enormes erupciones solares lanzan aún más radiación al espacio.

SOL

Iluminando los cielos

Si la Tierra bloquea las erupciones solares, la radiación aplasta su campo magnético y lo rompe temporalmente. Con ello, parte de la radiación se filtra hacia los polos de la Tierra. La radiación interactúa entonces con los gases de la atmósfera y hace que brille.

Las auroras brillan en verde por el oxígeno de la atmósfera.

La foto de Pesquet muestra una aurora que se extiende alrededor de la Tierra.

Auroras espectaculares

Las auroras pueden ser impresionantes. El astronauta francés Thomas Pesquet tomó esta increíble imagen desde la Estación Espacial Internacional.

NASA

El Artemis 1 se lanzó en noviembre de 2022 desde el Centro Espacial Kennedy de Florida (Estados Unidos).

El cohete Artemis SLS tendrá un papel clave en las futuras misiones de la NASA.

COHETES

Los cohetes son los únicos vehículos actuales capaces de salir de la Tierra y llegar al espacio. Los científicos trabajan continuamente para mejorar su tecnología: los que se utilizan hoy en día son muy diferentes de los modelos más simples con los que empezamos a explorar el cosmos.

Esta foto muestra el primer cohete que empleó combustible líquido, el mismo tipo que utilizan los cohetes actuales. Junto a él está su inventor, el ingeniero estadounidense Robert Goddard.

DESPEGUE

La tecnología de los cohetes es bastante sencilla. Su motor expulsa gas caliente a gran velocidad, lo que crea una fuerza que hace que se desplace. Aunque la idea es simple, expulsar suficiente gas de forma segura puede ser difícil.

Cómo se lanza un cohete

El lanzamiento de un cohete consta de varias etapas principales:

1 El cohete debe producir un empuje mayor que su propio peso para que pueda despegar del suelo.

2 Para salir de la atmósfera, un cohete necesita desplazarse a unos 11 km/s.

3 Para hacerlos más ligeros, los cohetes suelen soltar secciones durante el despegue. Así no se desperdicia combustible.

4 Para entrar en la órbita terrestre con el menor combustible posible, los cohetes siguen una trayectoria curva.

Al parecer, un hombre llamado Wan Hu intentó llegar al espacio atando cohetes a su silla.

Los primeros cohetes

Los primeros cohetes los inventaron científicos chinos hace miles de años. Eran parecidos a los fuegos artificiales y empleaban pólvora para propulsarse. Se utilizaban sobre todo como armas o en celebraciones.

Cohetes modernos

En la década de 1950, la mejora de los diseños y la mayor potencia de los combustibles hicieron que los cohetes fueran lo bastante potentes para llegar al espacio. El primer objeto de fabricación humana enviado al espacio fue un satélite, el Sputnik 1, en 1957.

Los cohetes Soyuz se han lanzado casi 2000 veces y han enviado astronautas y satélites en numerosas misiones.

COHETES REUTILIZABLES

De vuelta a casa

Recuperar los cohetes del espacio una vez lanzados es muy difícil. El transbordador espacial fue el primer cohete diseñado para volver a la Tierra de forma segura, para que pudiera volver a utilizarse.

Lanzamiento asistido

Los científicos trabajan continuamente en nuevas tecnologías. El SpaceShipTwo de Virgin Galactic es transportado por un avión especial. Después utiliza sus propios motores para llegar al espacio.

Aterrizaje seguro

Algunos cohetes son ya totalmente reutilizables y pueden aterrizar en un barco. Aquí, el Falcon 9 de SpaceX sobre una barcaza de recuperación.

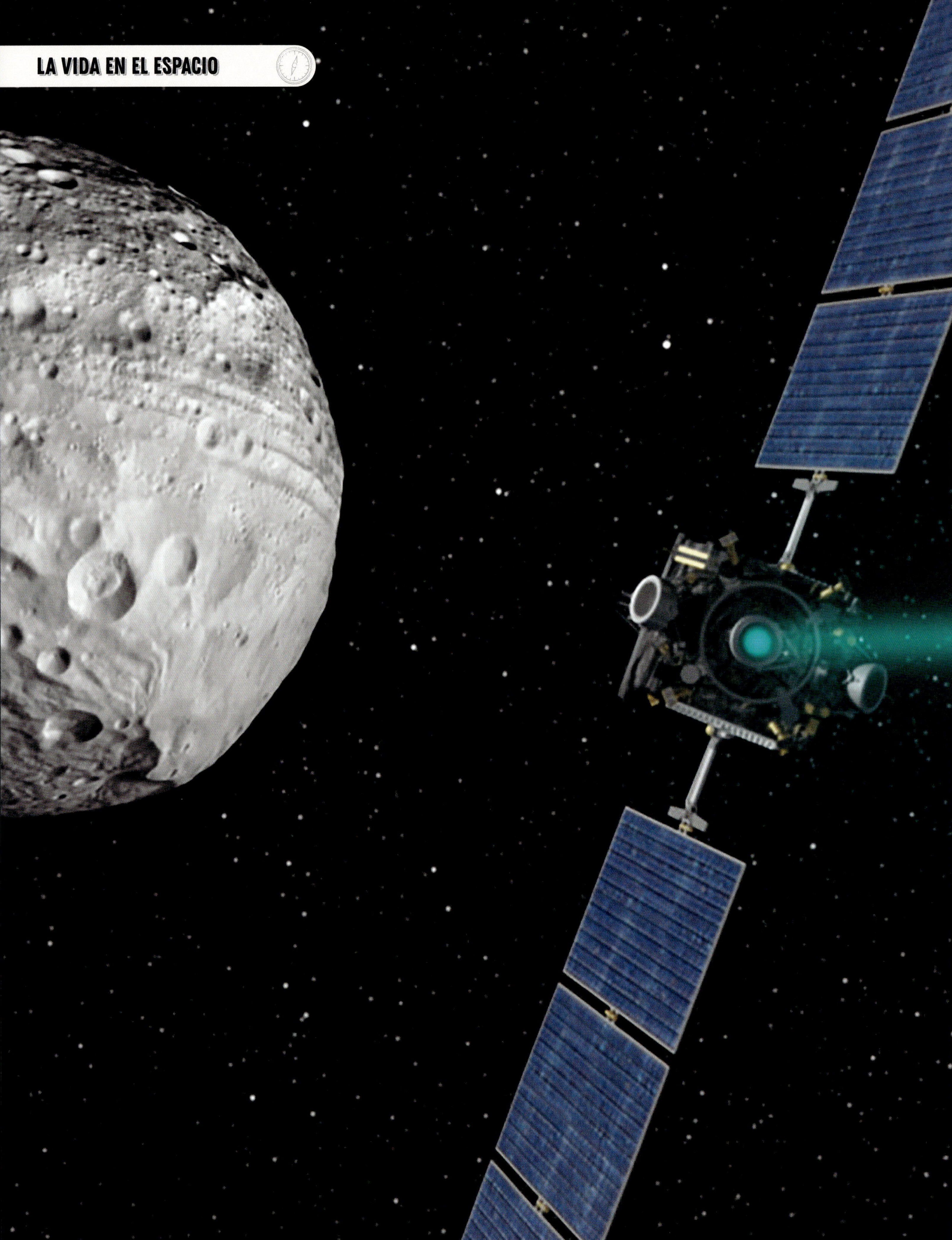

COMBUSTIBLES DEL FUTURO

La tecnología de los cohetes no ha cambiado mucho en el tiempo. Los cohetes más modernos son más grandes y potentes que los antiguos, pero todos usan un combustible inflamable y se valen del fuego para liberar la energía. Para seguir explorando el espacio se investigan nuevos tipos de combustible, motores y tecnología.

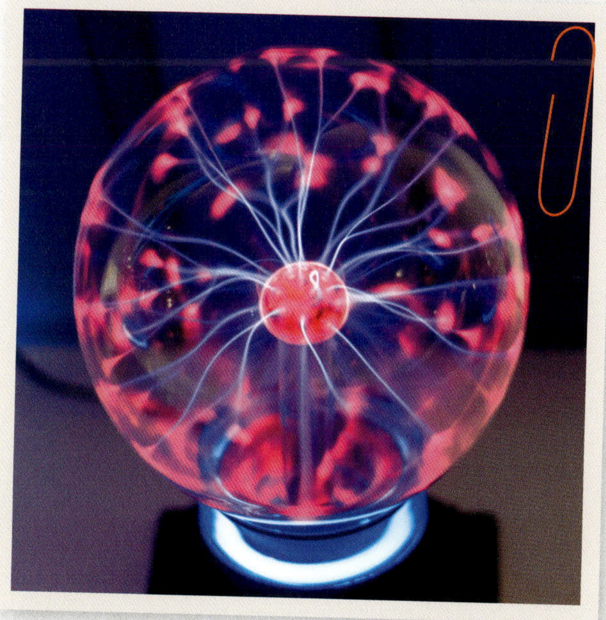

Los propulsores iónicos usan gas xenón, el mismo que se suele usar en las lámparas de plasma. Es seguro y fácil de almacenar, a diferencia del combustible convencional. Un propulsor de xenón puede funcionar muchos años.

Ilustración de la sonda espacial Dawn, que utiliza un propulsor iónico para viajar hasta el asteroide Vesta.

NUEVA ENERGÍA

Los cohetes han tenido mucho éxito durante casi un siglo. Sin embargo, el combustible que utilizan es muy pesado, lo que significa que más del 95 % del cohete se compone del combustible y los motores. Desarrollar nuevas formas de propulsar las naves espaciales nos ayudará a explorar mejor el espacio.

Skylon es un proyecto de «avión espacial»

Motor SABRE

Evolución de los cohetes

El primer paso en el desarrollo de nuevos cohetes es mejorar los existentes. SABRE es un nuevo tipo de motor que actúa como un motor de avión hasta que se eleva lo suficiente y cambia al modo cohete. Esto ahorra peso y espacio, y significa que la nave espacial a la que se acopla SABRE puede ser reutilizable.

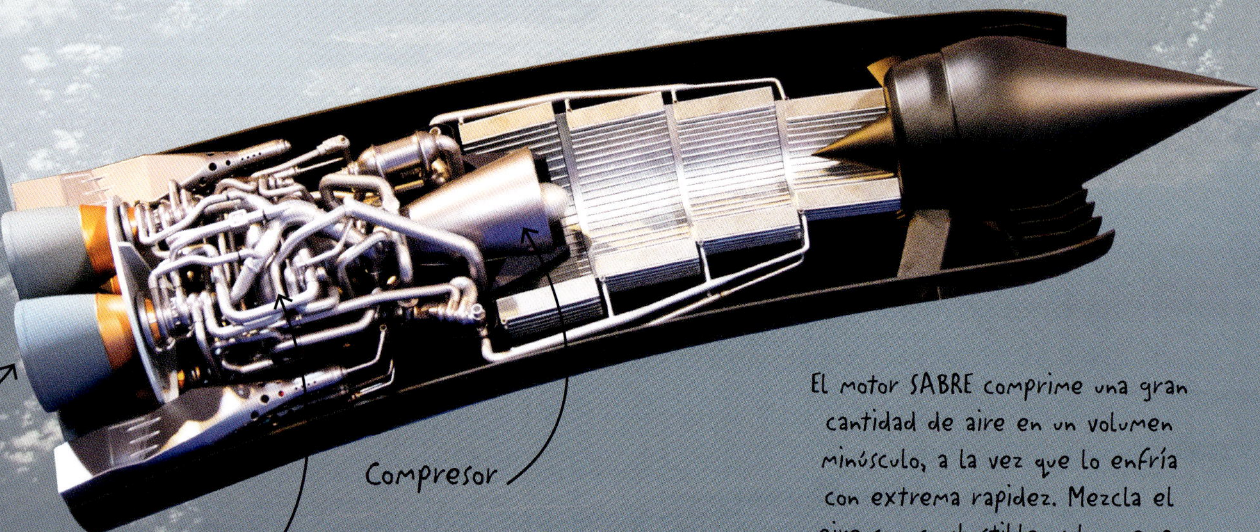

Las cámaras propulsoras liberan gas caliente

Compresor

Turbina

El motor SABRE comprime una gran cantidad de aire en un volumen minúsculo, a la vez que lo enfría con extrema rapidez. Mezcla el aire con combustible y lo quema.

Velas solares

Una vela solar consiste en acoplar grandes espejos a las naves espaciales para que funcionen como motores. En 2010, la agencia espacial japonesa utilizó con éxito una vela solar para llevar una nave espacial a Venus, demostrando que podemos utilizar la luz del Sol para propulsarnos.

Las velas solares van unidas al cuerpo de la nave espacial.

Satélite de pruebas a pequeña escala con vela solar IKAROS

Navegar con la luz

La vela tiene una gran superficie para captar fotones.

Sol

Los fotones (partículas de luz procedentes del Sol) tienen energía y movimiento.

Los fotones se reflejan en la vela y la empujan.

Empuje por curvatura

Algunos científicos creen que podríamos curvar el espacio para facilitar los viajes. Un pequeño equipo de científicos de la NASA está investigando si esto sería posible. Esperan fabricar un motor de empuje por curvatura, ¡que parece sacado de una película de ciencia ficción!

Los objetos que tienen gravedad «curvan» el espacio que los rodea.

El primer paseo espacial de un ser humano no conectado a una nave lo realizó en 1984 el astronauta estadounidense Bruce McCandless.

Bruce McCandless inició su paseo espacial desde el transbordador Challenger.

HUMANOS EN EL ESPACIO

Los seres humanos queríamos viajar a las estrellas desde hacía tiempo. Una vez que desarrollamos los cohetes y aprendimos más sobre el universo, pudimos empezar a visitar el espacio. Sin embargo, el espacio es un lugar complicado para sobrevivir, y pueden ocurrirnos cosas extrañas y maravillosas.

En el espacio, los seres humanos suelen permanecer en estaciones espaciales. En 2010, la mayor, la Estación Espacial Internacional, acogió a 13 personas a la vez.

VIVIR FUERA DE LA TIERRA

La ingravidez hace del espacio un lugar fantástico para los experimentos científicos. Sin embargo, el cuerpo humano no está diseñado para funcionar sin gravedad. Hacen falta muchos ajustes para que la vida de los astronautas sea cómoda y se mantengan seguros y sanos.

Para correr en la cinta, los astronautas deben atarse, ¡de lo contrario saldrían flotando!

Mantener la forma

En la Tierra, luchamos siempre contra la gravedad mientras nos desplazamos. En el espacio, los astronautas pueden flotar: no necesitan huesos ni músculos grandes y fuertes. Para no debilitarse, deben pasar horas al día haciendo ejercicio.

ALIMENTOS FRESCOS

La alimentación de los astronautas es vital para que permanezcan mucho tiempo en el espacio. Para que los alimentos se mantengan frescos, se envasan en paquetes herméticos. El control de la misión se asegura de que los astronautas tengan una dieta sana y equilibrada. En la actualidad, todos los alimentos deben llevarse al espacio, pero se trabaja para cultivar alimentos en el exterior.

Sandra Magnus preparando el almuerzo. Se utilizan tortillas de maíz porque hacen menos migas que el pan normal.

Un aseo a bordo de la Estación Espacial Internacional.

Eliminación de residuos

Ir al baño es algo complicado para un astronauta. La falta de gravedad hace que los residuos no caigan, por lo que los retretes deben utilizar la succión. Los residuos sólidos y líquidos se separan: los sólidos se eliminan, pero los líquidos se reciclan, se purifican y se vuelven a convertir en agua potable.

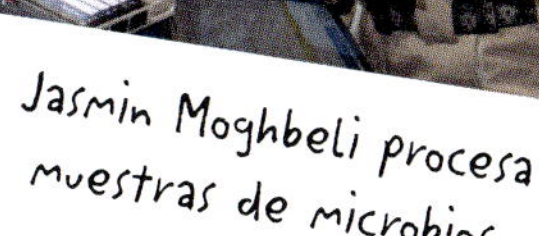
Jasmin Moghbeli procesa muestras de microbios.

Día ocupado

Los astronautas trabajan duro para aprovechar al máximo su estancia en el espacio. Suelen trabajar 16 horas al día durante seis días y medio a la semana, realizando experimentos y cuidando de la estación espacial. La mayoría de ellos incluso hacen tareas extra en su tiempo libre.

Sultan Al Neyadi realiza un experimento científico.

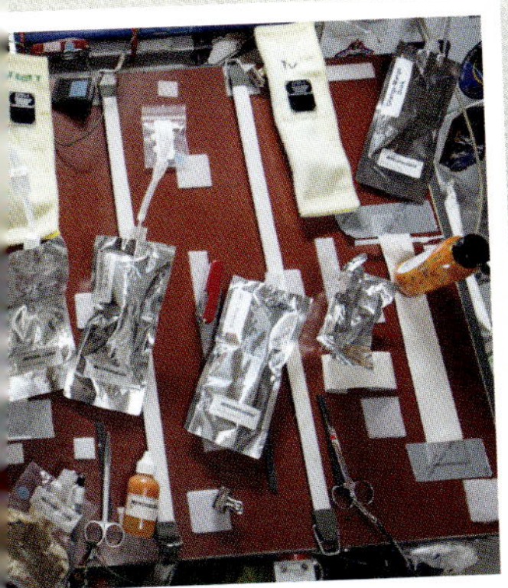
La mesa de comer tiene un aspecto diferente en el espacio. La comida flotaría y saldría de los platos, así que se sirve en sus propios envases.

El astronauta japonés Soichi Noguchi revisa los rábanos espaciales.

Edwin «Buzz» Aldrin camina por la superficie de la Luna en 1969.

ASTRONAUTAS EXTRAORDINARIOS

El espacio es un lugar difícil para vivir y trabajar. Sin embargo, con el apoyo de los controladores de sus misiones en la Tierra, algunos astronautas han logrado cosas increíbles. Estos valientes exploradores han contribuido a ampliar los límites de lo que creíamos posible en la exploración espacial.

En 1961, Yuri Gagarin se convirtió en la primera persona en viajar al espacio.

ESTRELLAS DEL ESPACIO

Más de 600 personas han viajado al espacio. Han llevado a cabo investigaciones científicas y volado en misiones de reparación, con lo que nos han ayudado a comprender el universo. Estos son solo algunos de los fantásticos logros de los astronautas.

La tripulación del Apolo 13: Jim Lovell, Thomas Mattingly y Fred Haise.

Viajeros lejanos

La tripulación del Apolo 13 es bien conocida porque su misión estuvo a punto de acabar en desastre, y por poco no llegan a casa. Tienen el récord de haber viajado a la mayor distancia de la Tierra: ¡la friolera de 400 000 km!

En 1970, parte de la nave espacial utilizada en la misión Apolo 13 explotó y la tripulación tuvo que abortar su misión. Gracias a su gran capacidad para resolver los problemas con rapidez, lograron volver a la Tierra sanos y salvos.

NAVE ESPACIAL APOLO 13

Valentina Tereshkova

VOSTOK 6

Volar en solitario

El 16 de junio de 1963, Valentina Tereshkova voló al espacio. Fue seleccionada para la misión por sus habilidades como paracaidista, y pasó tres días fotografiando la Tierra desde las alturas. Fue la primera mujer en llegar al espacio y aún ostenta los récords de ser la mujer más joven en llegar al espacio y la única mujer en completar un vuelo espacial en solitario.

Mae Jemison fue especialista de misión en el transbordador espacial Endeavour en 1992. Fue la primera mujer negra que visitó el espacio.

El brasileño Marcos Pontes visitó la Estación Espacial Internacional en 2006. Fue el primer representante de un país del hemisferio sur en el espacio.

Exploración global

Explorar el espacio es una tarea que une a países de todo el mundo. Más de 45 nacionalidades han estado representadas en el espacio, y más de 20 han visitado la Estación Espacial Internacional.

Hay más de un millón de fragmentos de basura espacial en órbita alrededor de la Tierra con un tamaño de más de 1 cm.

BASURA ESPACIAL

La Tierra está rodeada de miles de millones de piezas de basura espacial, desde trozos de polvo y roca hasta restos de misiones espaciales, como motas de pintura, combustible congelado y restos de satélites. La zona del espacio que rodea la Tierra es básicamente un cementerio de fragmentos de cohetes y satélites.

Los paneles solares en el espacio suelen sufrir daños por impactos con objetos espaciales. Las colisiones más violentas se producen con meteoritos.

ENSUCIAR EL ESPACIO

Imagina que vas en tu nave espacial y esta es golpeada por un trozo de basura espacial que viaja a decenas de miles de kilómetros por hora. Con esto se encuentran los astronautas y también afecta a los satélites. A gran velocidad, incluso un objeto tan pequeño como un grano de arena tiene la fuerza de impacto de una bala.

Los satélites en desuso son uno de los mayores tipos de basura espacial.

El síndrome de Kessler

El científico estadounidense Donald J. Kessler se dio cuenta de que a medida que se dejaban más satélites en el espacio, era más probable que colisionaran y crearan más desechos. Esto, a su vez, provocaría más colisiones. En 2009, un satélite estadounidense y otro ruso colisionaron entre sí y sus restos se esparcieron, dando la razón a Kessler.

Los dos satélites colisionaron en el punto rojo.

Diez minutos después de la colisión, la nube de escombros era pequeña.

Pero al cabo de tres horas, la nube era mayor y esparcía basura espacial por todas partes.

El gigantesco sistema de radar de la RAF de Fylingdales detecta y rastrea objetos en órbita.

Controlar la basura

Para mantener a salvo a los astronautas y los satélites, una red de telescopios y sistemas de radar, como el radar de la RAF de Fylingdales (Reino Unido), rastrea los fragmentos más grandes de basura espacial. Se pueden rastrear fragmentos de basura tan pequeños como un guisante.

Quizá pueda limpiarse el espacio utilizando satélites que capturen la basura.

El satélite NanoRacks-Remove Debris fue liberado por la Estación Espacial Internacional.

Espacio limpio

A pesar de la enorme cantidad de basura, es posible limpiar el espacio. En 2019, el satélite NanoRacks-Remove Debris demostró con éxito que se podía lanzar un arpón contra la basura espacial y retenerla.

Laika era una perra callejera de la antigua Unión Soviética. Fue el primer animal en orbitar la Tierra con éxito, a bordo del Sputnik 2.

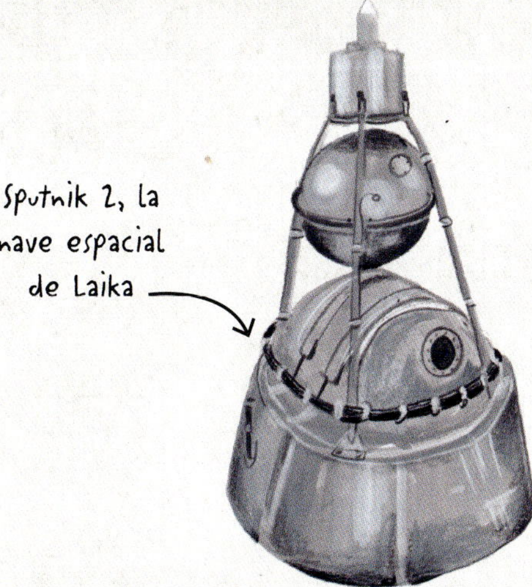

Sputnik 2, la nave espacial de Laika

ANIMALES EN EL ESPACIO

Antes de que los humanos pudieran visitar el espacio, se enviaron animales para ver si era posible sobrevivir. Desde entonces, se han seguido enviando animales al espacio, para investigar desde futuras granjas espaciales hasta investigaciones médicas.

Belka y Strelka fueron lanzadas al espacio en 1960 y regresaron a la Tierra sanas y salvas. Strelka tuvo cachorros y uno de ellos fue regalado al presidente de Estados Unidos.

PRIMERO LAS MOSCAS

Los primeros animales lanzados al espacio fueron moscas de la fruta. Después se diseñaron hábitats específicos en estaciones espaciales para que se adaptaran a la vida en órbita. Los astronautas estudian su comportamiento y adaptación para ayudarnos a planificar futuras misiones.

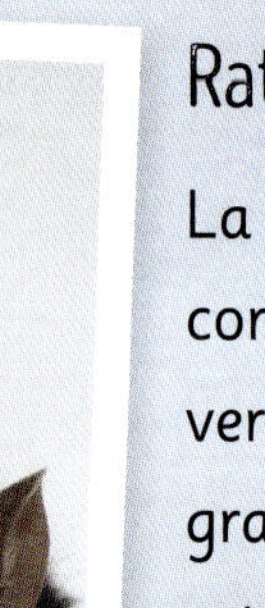

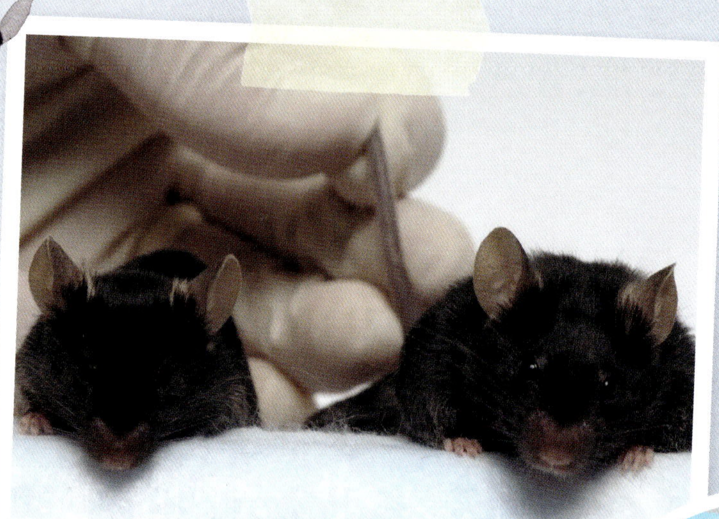

Ratones en el espacio

La vida de los ratones es mucho más corta que la nuestra. Esto nos permite ver qué le ocurre a un animal si pasa gran parte de su vida en el espacio. Los ratones se adaptan bien al espacio si pueden hacer ejercicio, lo que indica que los astronautas también lo necesitan.

El Módulo Habitacional para Roedores de la Estación Espacial Internacional permite a los ratones trepar por todos los lados de su jaula, para que puedan desplazarse fácilmente en gravedad cero.

ANIMALES EN EL ESPACIO

Laika (1957)

Primer animal en orbitar la Tierra con éxito, pero lamentablemente no consiguió volver.

Belka y Strelka (1960)

Estos perros viajaron con 42 ratones, un conejo gris, dos ratas, moscas y plantas y hongos.

Ham (1961)

Ham se sometió a dos años de entrenamiento antes de ser el primer gran simio en el espacio.

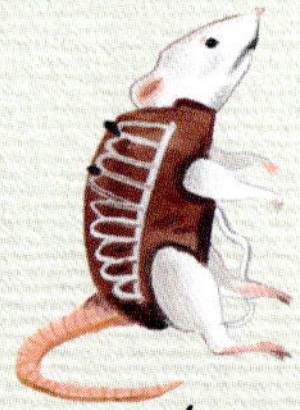

Hector (1961)

Hector era una rata que llevaba un traje espacial personalizado durante su exitoso vuelo.

Tardígrados resistentes

Los tardígrados son unas criaturas diminutas que solo podemos ver con un microscopio. Son una de las criaturas más resistentes de la Tierra, capaces de sobrevivir en condiciones extremas. La misión Tardigrades In Space (TARDIS) permitió comprobar que pueden sobrevivir en el espacio durante diez días.

El astronauta japonés Akihiko Hoshide, con tardígrados en gravedad cero.

Algunos peces cebra tienen el exterior transparente, lo que permite ver el esqueleto, los músculos y los órganos del interior.

Pez cebra

Flotar en el espacio es malo para los huesos, porque pierden calcio y se rompen con facilidad. Una forma fácil de estudiar los huesos es utilizar una criatura con un esqueleto visible, como el pez cebra. Los de la ISS estaban especialmente adaptados para que algunas de sus partes brillaran en determinadas condiciones.

Félicette (1963)

Félicette era una gata callejera de París (Francia). Es la única gata que ha salido de la Tierra.

Tortugas (1968)

Dos tortugas rusas sin nombre se convirtieron en los primeros animales en orbitar la Luna.

Arabella y Anita (1973)

Estas dos arañas fueron las primeras en hacer una tela en el espacio, a bordo de la estación espacial Skylab 3.

La Estación Espacial Internacional (EEI) es la más compleja jamás construida.

La EEI orbita la Tierra siguiendo una trayectoria fija, pero no siempre pasa por los mismos lugares, debido a la rotación terrestre.

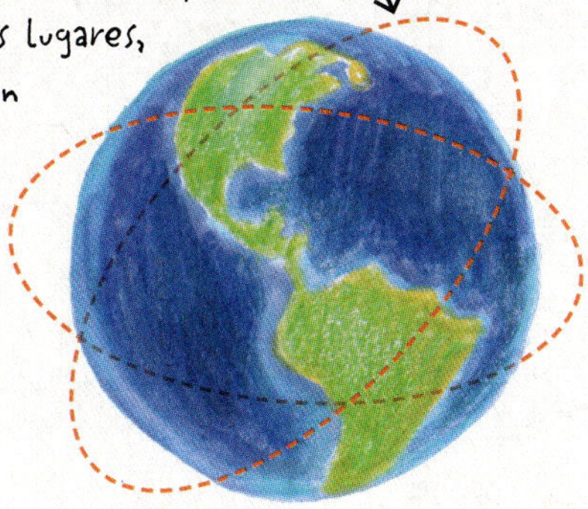

ESTACIONES ESPACIALES

Las bases llamadas estaciones espaciales permiten a los astronautas estar en el espacio más tiempo que en una nave espacial y realizar experimentos complejos. La estación espacial más famosa de todas es la Estación Espacial Internacional.

La EEI consta de varias secciones. Esta imagen muestra la conexión de las dos primeras secciones en 1998.

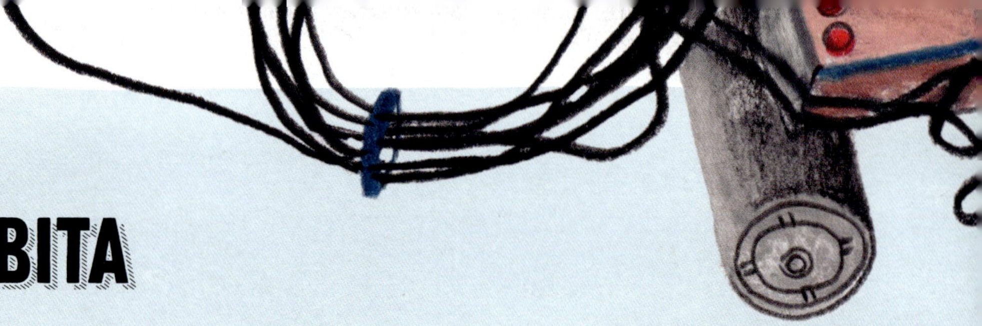

EN ÓRBITA

Solo se han construido unas pocas estaciones espaciales. Con el tiempo, se han hecho cada vez más complejas, con más espacio y mejores instalaciones. Esto significa más astronautas, mayor número de experimentos y más tiempo de permanencia en el espacio.

Las camas espaciales son simples sacos de dormir atados a la pared.

Cada astronauta tiene su propio dormitorio a bordo, como este.

En el espacio, los astronautas tienen una tarde libre a la semana.

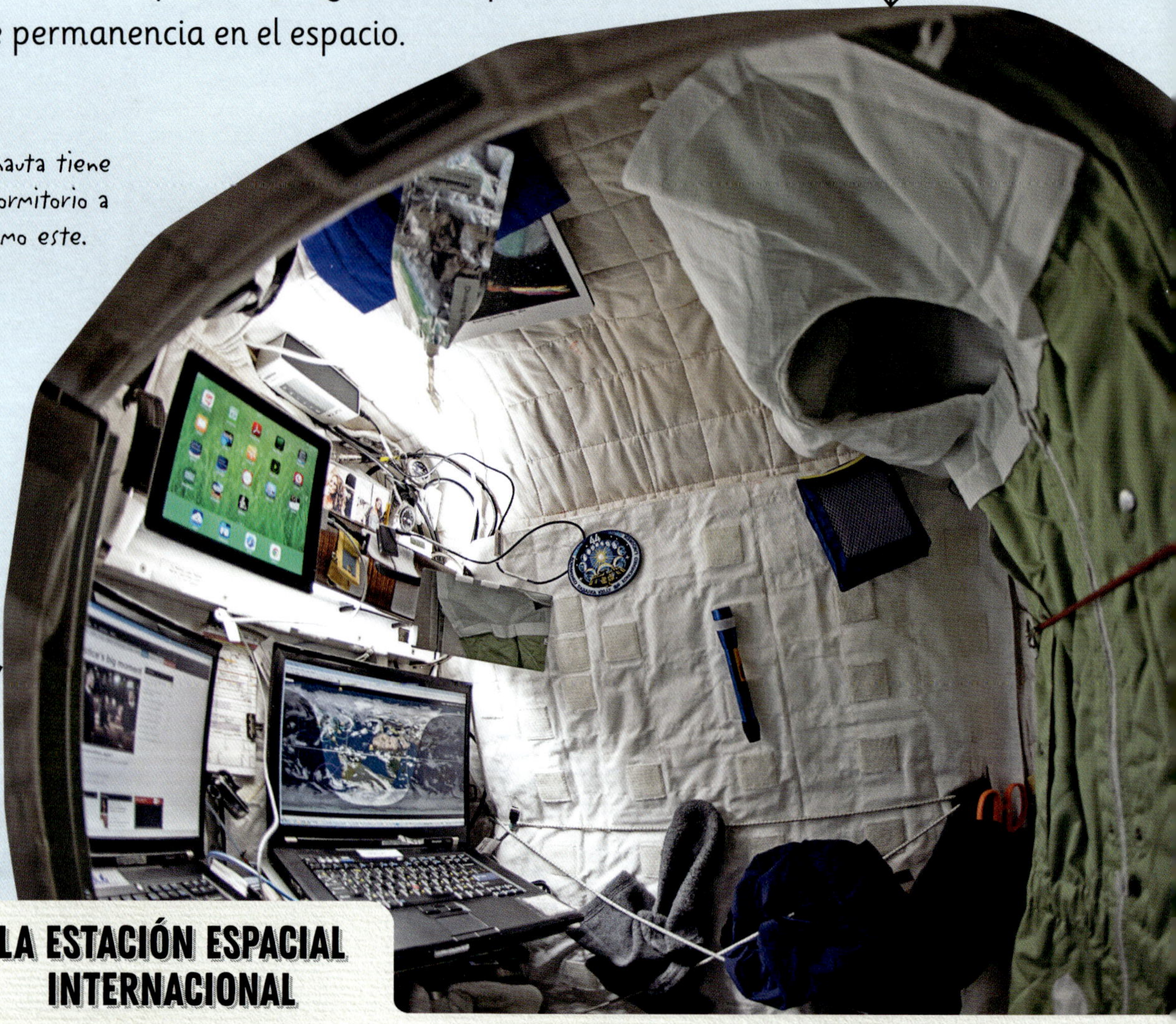

LA ESTACIÓN ESPACIAL INTERNACIONAL

Un gran laboratorio

La EEI fue un gran proyecto en el que colaboraron 15 países durante 25 años para construir un laboratorio gigante en el espacio. Ahora tiene el tamaño de un campo de fútbol.

La primera estación espacial del mundo, Salyut 1, se lanzó en 1971.

Salyut

La primera estación espacial de la historia fue la Salyut 1. Era muy pequeña, con solo cinco pequeños compartimentos, tres de ellos para equipos. Aun siendo tan reducida, los astronautas pasaron 23 días a bordo, estudiando el clima de la Tierra y cómo sus cuerpos se adaptaban a la vida en el espacio.

Construir una estación espacial

Las estaciones espaciales complejas con muchas habitaciones se crean uniendo varias piezas. Cada habitación tiene su propia función. Esta imagen muestra las secciones de la estación espacial Mir.

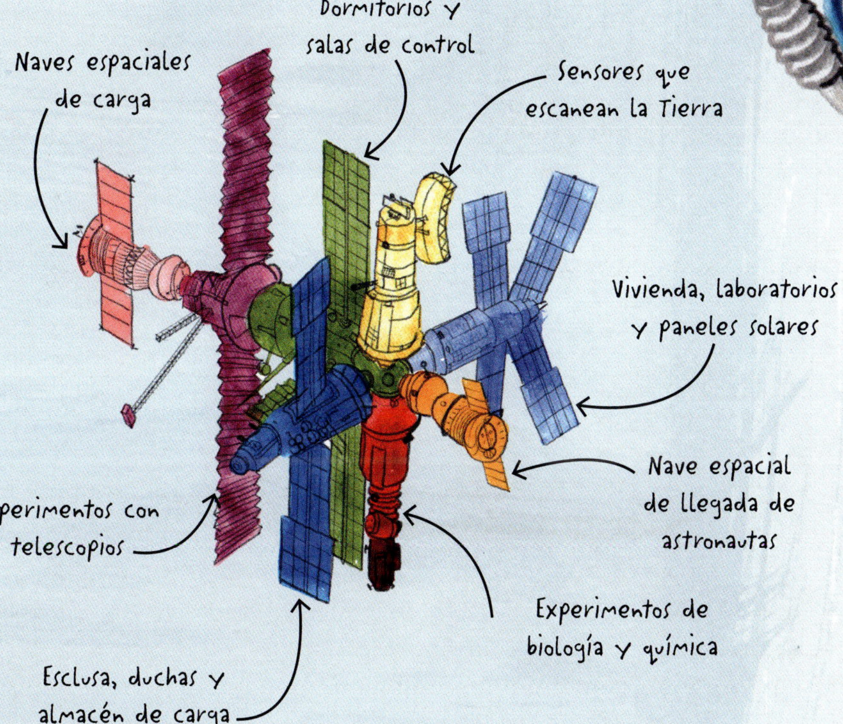

Viajeros frecuentes

La EEI dispone de un brazo robótico para capturar naves espaciales que quieran acoplarse a ella. Más de 250 personas han visitado la estación espacial, y algunas de ellas varias veces.

Ocupados

Los astronautas han realizado más de 3000 experimentos en la EEI, y también reparaciones. Aquí, Scott Parazynski da un paseo espacial para reparar uno de los paneles solares.

Como preparación para vivir en el espacio, se han construido grandes bases simuladas en la Tierra. Esta base en el desierto de Gobi muestra cómo podría ser la vida en Marte.

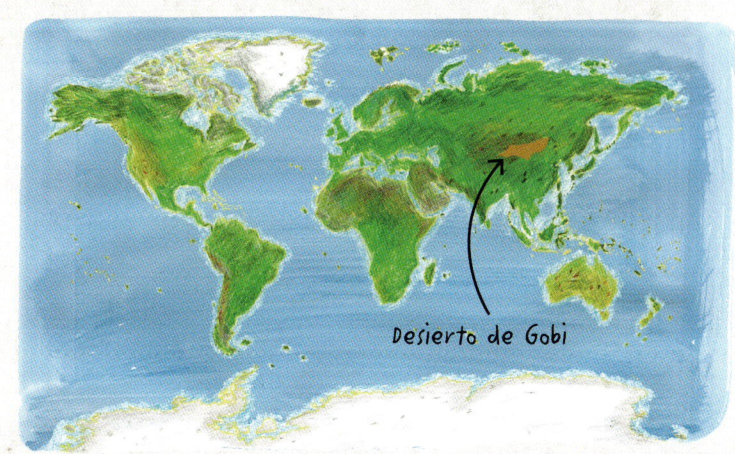

BASES ESPACIALES

Hace más de 50 años se pisó la Luna por primera vez. Desde entonces, doce personas han pasado apenas unas horas explorando su superficie. Ahora pensamos que tenemos la tecnología no solo para volver a la Luna, sino para pasar mucho más tiempo allí y en otros planetas. Para ello, necesitamos lugares donde alojarnos.

El módulo de aterrizaje Apolo era una minibase lunar. Solo podía mantener a los astronautas con vida durante un par de días.

HOGAR LEJOS DE CASA

En el espacio no se podría sobrevivir. Cuando salimos a explorar, debemos llevar suministros vitales. Esto puede dificultar las estancias prolongadas en estos lugares. Una base debe proporcionar un entorno seguro para almacenar materiales y mantener a sus habitantes sanos.

Esta imagen muestra el aspecto que podría tener la base de la ESA bajo el polvo lunar.

La base dispondría de salas para hacer ejercicio, comer y dormir.

Hormigón lunar

La Agencia Espacial Europea (ESA) planea «imprimir» una base espacial utilizando roca lunar para fabricar un tipo especial de hormigón. La base se enterrará bajo polvo lunar para disponer de una capa de protección y atrapar el calor en su interior.

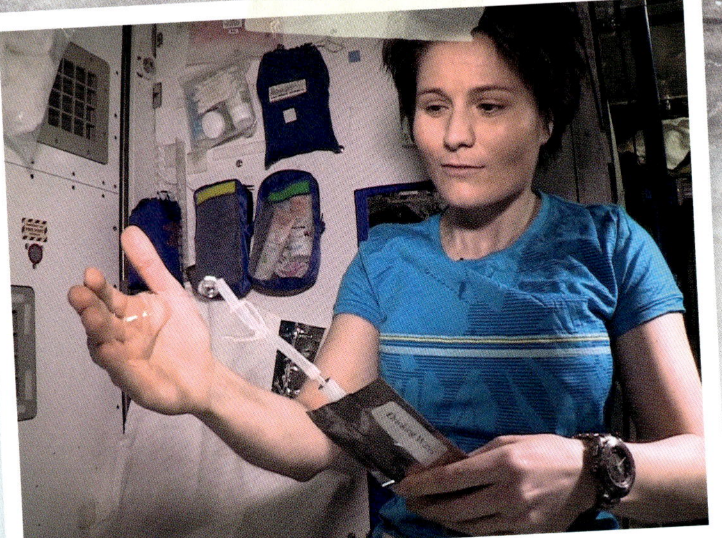

Reciclar

Los equipos de una base espacial están diseñados para durar mucho y, a menudo, pueden reciclarse y reutilizarse. El sistema de reciclaje de agua de la EEI recicla el 98 % del agua, ¡incluso la que se utiliza en el retrete!

Prepararse para el futuro

Se han creado varias bases espaciales simuladas para mostrar cómo sería vivir fuera del planeta. La tripulación realiza experimentos, practica el uso de equipos y está aislada del resto del mundo excepto de sus compañeros.

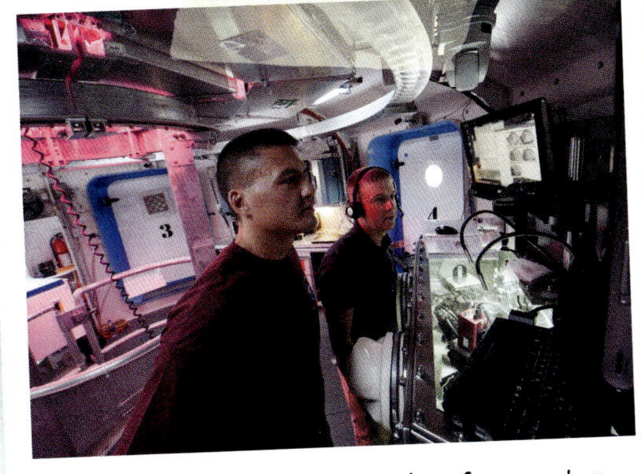

La base LunAres de Polonia ofrece a los astronautas una experiencia práctica de las dificultades y retos a que se enfrentan quienes intentan vivir en otros mundos.

Algunas bases tienen superficies planetarias simuladas para probar los vehículos y los trajes espaciales.

La base tendría una esclusa de aire, que permite el movimiento entre entornos.

Seguiría siendo necesario un traje espacial para salir de la base.

Algunas empresas privadas planean construir un asentamiento en el Planeta Rojo. Esta es una imagen artística del aspecto que podría tener una base.

Vida en Marte

Si podemos construir y explotar una base en la Luna, Marte puede ser nuestro próximo objetivo. Necesitaríamos muchos recursos para estar seguros en un planeta tan lejano.

Esta imagen fue tomada por la sonda espacial Cassini. El punto azul pálido bajo los anillos de Saturno es la Tierra.

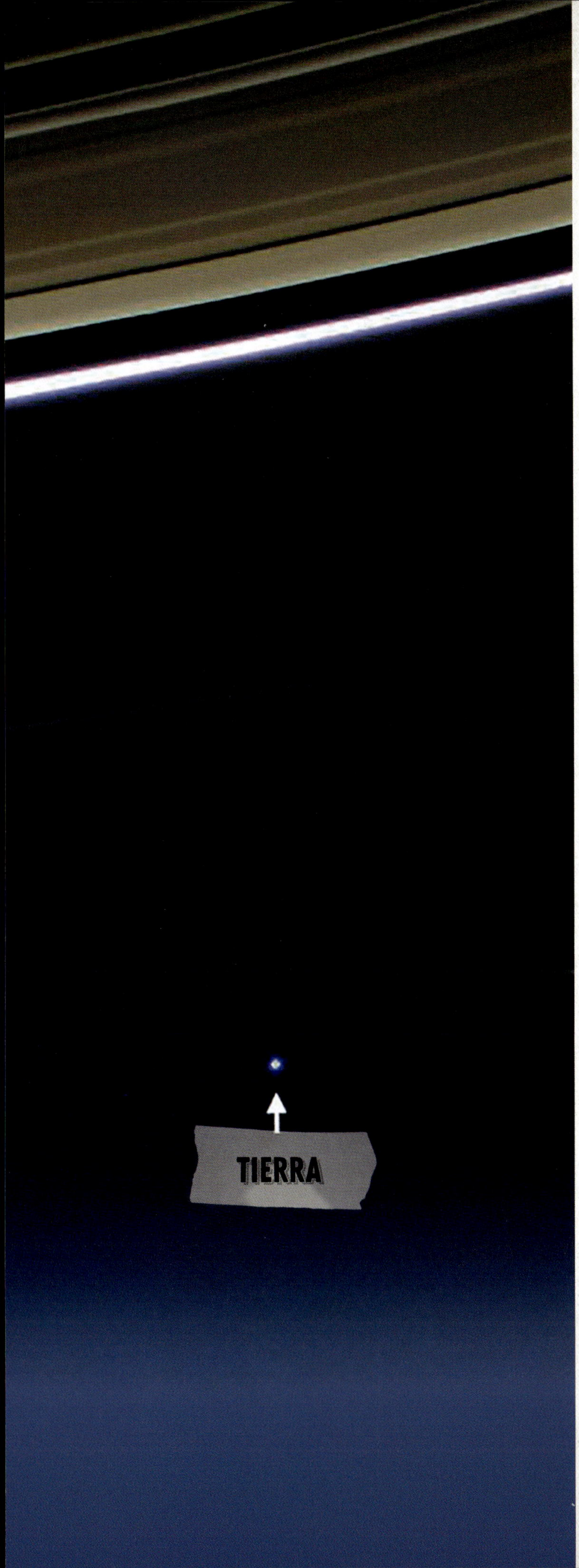

EXPLORAR EL SISTEMA SOLAR

Un ejército de naves espaciales ha explorado planetas, lunas, asteroides y cometas. Nos envían información, pero también nos dan perspectiva, mostrándonos lo único, pequeño, precioso y aislado que es nuestro planeta: la Tierra es el único planeta en el que sabemos con certeza que hay vida.

TIERRA

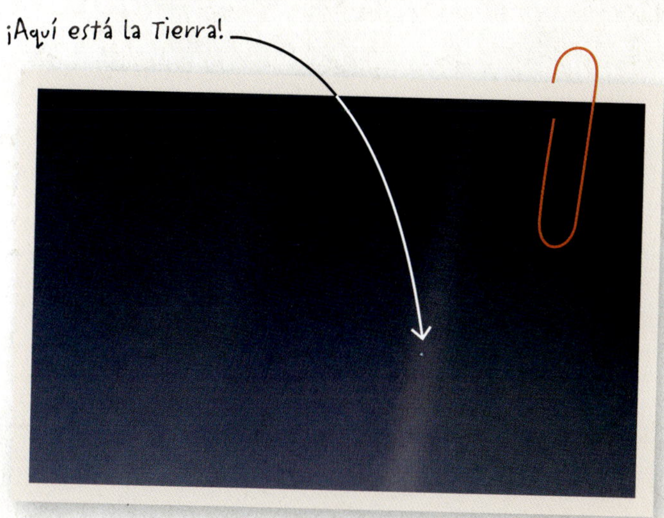

En 1990, mientras se alejaba a toda velocidad de nuestro sistema solar, la sonda espacial Voyager 1 de la NASA volvió su cámara hacia la Tierra y captó nuestro planeta como un diminuto punto «suspendido en un rayo de sol».

VIAJES ASOMBROSOS

El ser humano solo lleva unos 65 años explorando el espacio. Desde que el Sputnik 1 se convirtió en el primer satélite en orbitar la Tierra, hemos desarrollado habilidades de ingeniería, resolviendo y descubriendo misterios en todos los planetas.

Cuatro países han enviado misiones al Sol.

SOL

Tres sondas han explorado Mercurio.

MERCURIO

TIERRA

La Luna es el único lugar, además de la Tierra, que los humanos han pisado.

LUNA

Más de 40 misiones han visitado Venus.

VENUS

Solo la mitad de las más de 50 misiones a Marte han tenido éxito.

MARTE

EXPLORAR EL ESPACIO EXTERIOR

Voyager 1 y 2 son dos naves espaciales idénticas.

Cinco naves espaciales han podido salir del sistema solar, navegando a decenas de miles de kilómetros por hora hacia el espacio. Tardarán miles de años en llegar a otro sistema estelar.

JÚPITER
Ha habido diez misiones a Júpiter.
URANO
Solo la Voyager 2 ha visitado Urano.
PLUTÓN
New Horizons es la única nave espacial que ha visitado Plutón.
NEPTUNO
Voyager 2 también sobrevoló Neptuno.
Las naves espaciales han visitado unos 20 asteroides y cometas, entre ellos Vesta, Eros, Bennu e Ida.
ASTEROIDES
Cinco misiones han visitado Saturno.
SATURNO
Pioneer 10 y 11 son también idénticas
New Horizons

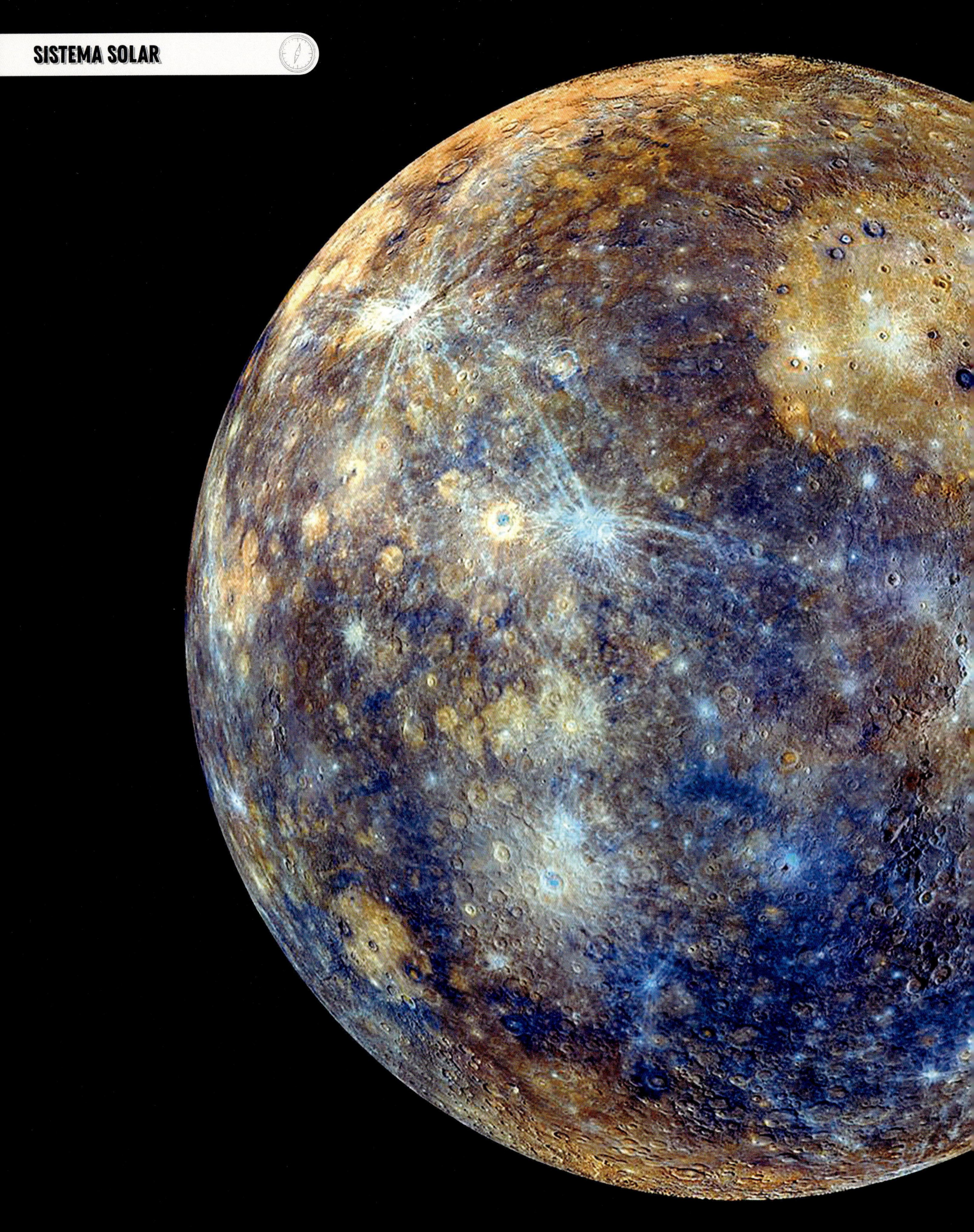

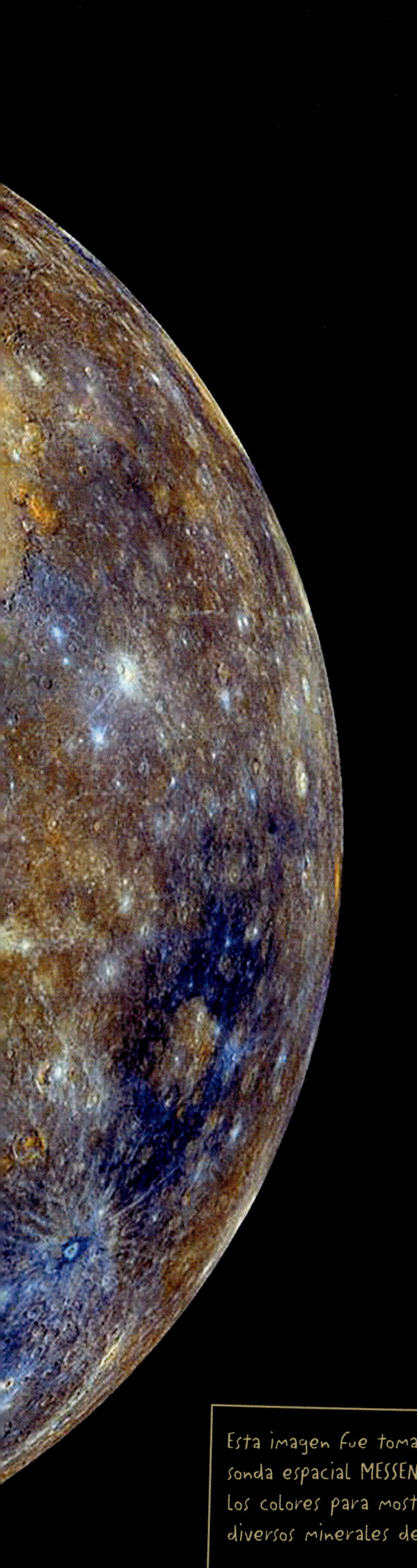

Esta imagen fue tomada por la sonda espacial MESSENGER. Realza los colores para mostrar los diversos minerales de Mercurio.

MERCURIO

Mercurio es el planeta más cercano al Sol. Allí hace demasiado calor para que el planeta pueda retener gases y tener una atmósfera, por lo que tiene poca protección frente a los meteoritos. La superficie de Mercurio está plagada de cráteres de impacto. Aún nos queda mucho por aprender sobre este planeta del tamaño de la Luna.

El cráter Mena de Mercurio presenta marcas radiales que muestran los lugares en los que se expulsó material durante el impacto. Con el tiempo, estas marcas irán desapareciendo.

PEQUEÑO Y MISTERIOSO

Mercurio sigue siendo un misterio. Solo dos naves espaciales visitaron el planeta antes de 2023. Una tercera nave, BepiColombo de la ESA, pretende desvelar más secretos del planeta.

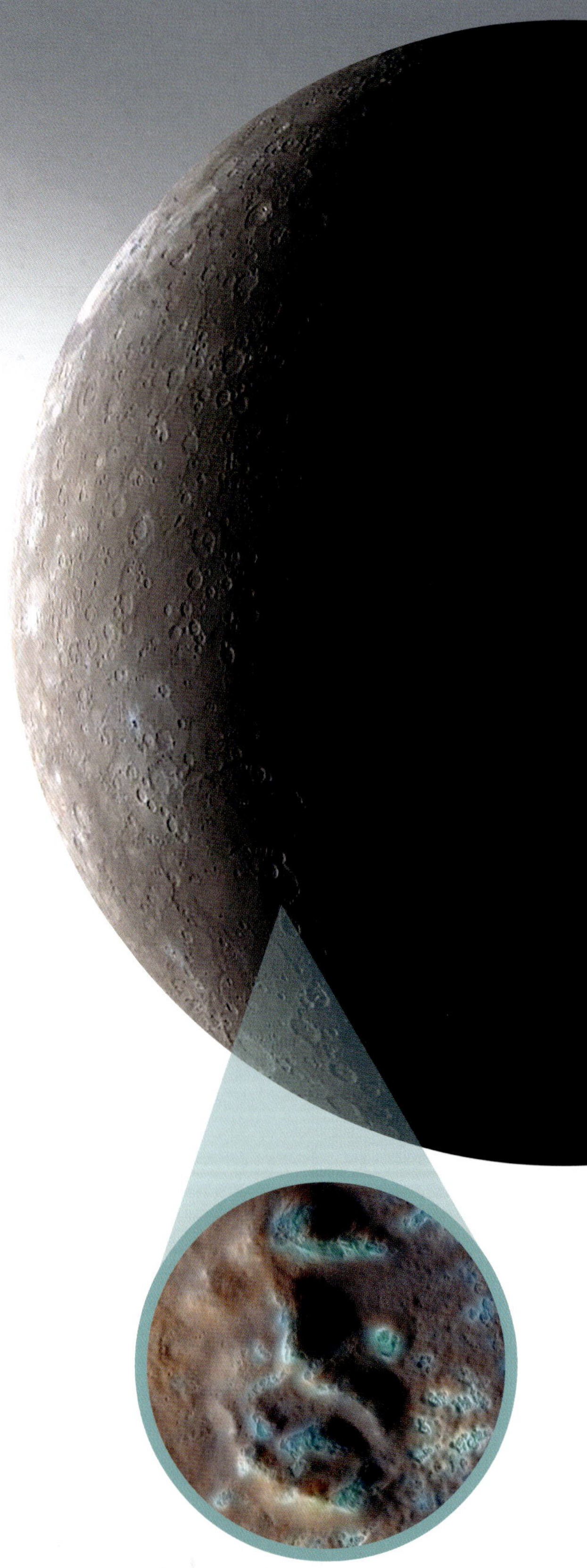

Congelarse o achicharrarse

Mercurio gira muy lentamente: ¡uno de sus días dura 59 días terrestres! No tiene atmósfera que atrape el calor, por lo que la cara orientada hacia el Sol alcanza una temperatura de 430 °C, ¡más del doble que en la mayoría de los hornos! La cara opuesta al Sol está a unos gélidos -180 °C.

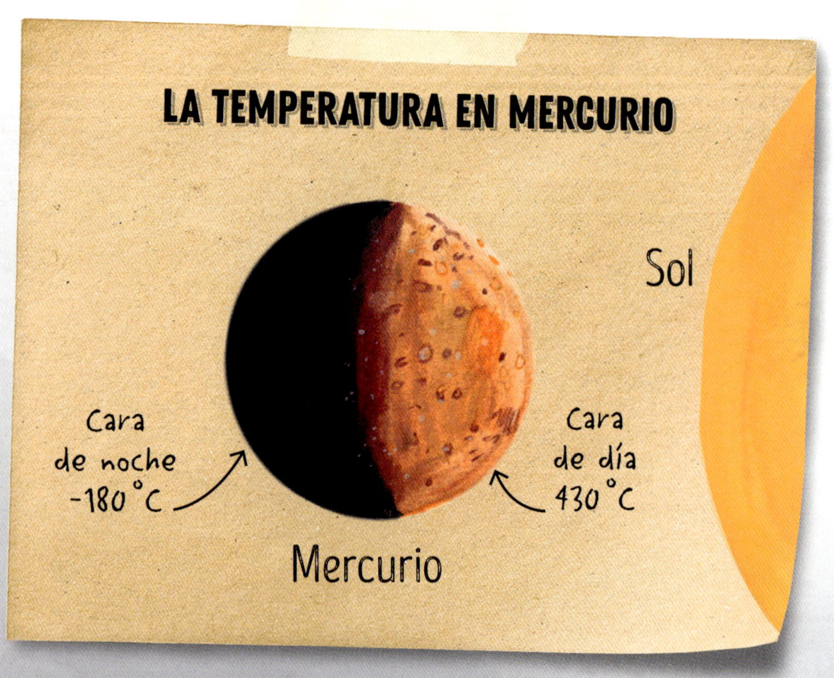

Las hondonadas son abolladuras poco profundas en el suelo que hay en cráteres recientes de la superficie de Mercurio. Pueden tener hasta 1,5 km de ancho, y los científicos aún tratan de averiguar qué son exactamente.

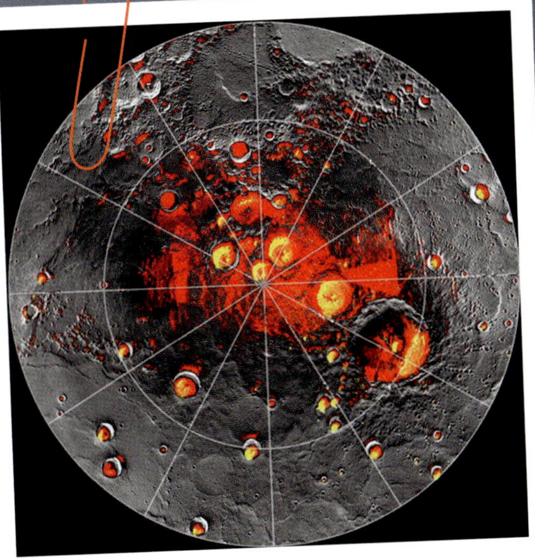

Las zonas en rojo son lugares donde nunca llega la luz y podría haber hielo.

Hielo en Mercurio

En Mercurio no puede haber agua líquida: herviría con el calor del Sol o se congelaría instantáneamente en la oscuridad. Sin embargo, los científicos creen que hay hielo de agua en lugares oscuros y fríos en el fondo de los cráteres, donde no llega la luz.

Difícil de explorar

Mercurio es difícil de explorar porque está muy cerca del Sol. La fuerte atracción de la gravedad solar acelera las naves espaciales. Cuando una nave entra en órbita alrededor de Mercurio, tiene que utilizar mucha energía para frenar y evitar ser atraída hacia el Sol.

BepiColombo se valdrá de la gravedad de la Tierra, Venus y Mercurio para reducir su velocidad.

BepiColombo utilizará propulsores iónicos, ¡motores de partículas eléctricas!

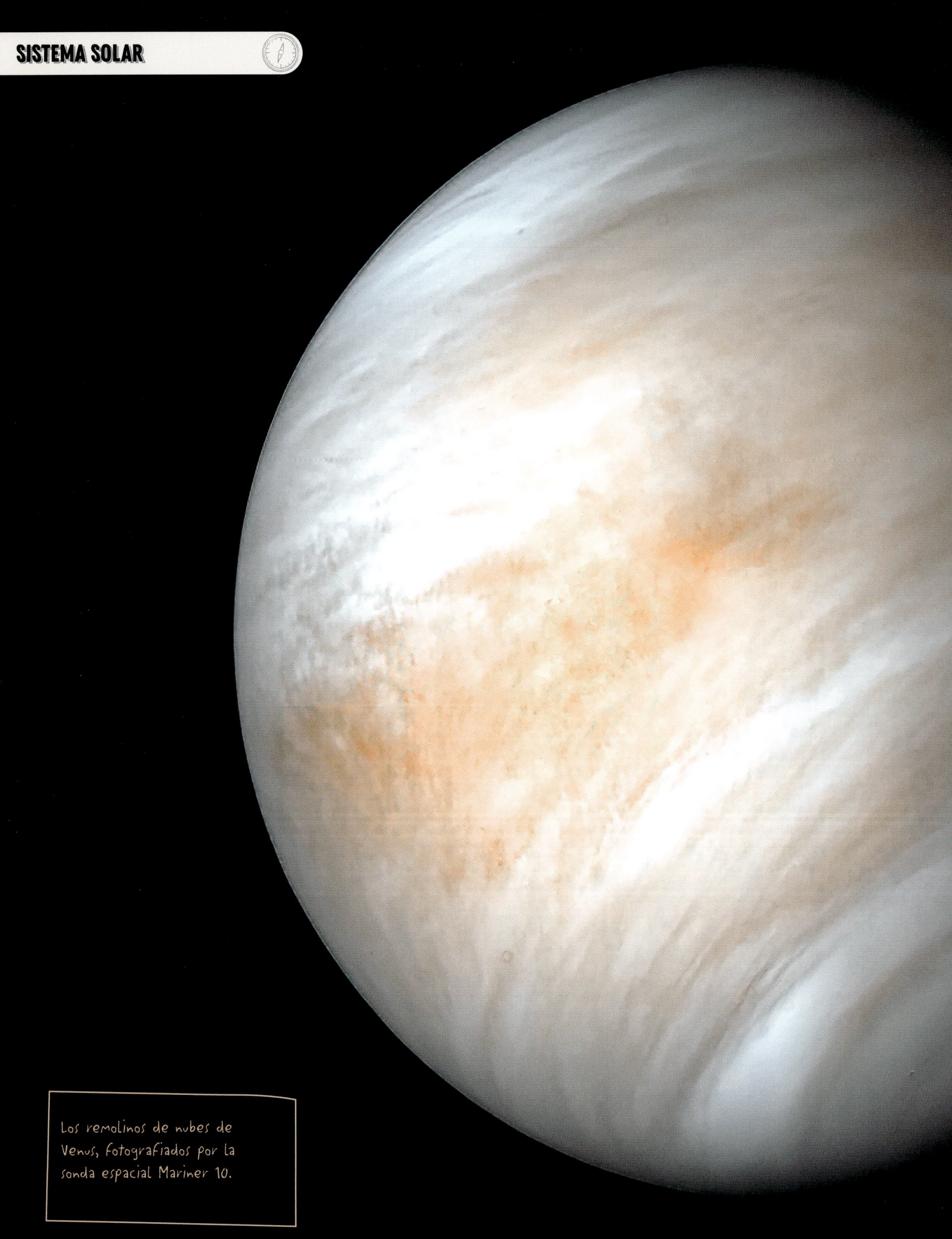

Los remolinos de nubes de Venus, fotografiados por la sonda espacial Mariner 10.

VENUS

Venus, el segundo planeta más cercano al Sol debe su nombre a la diosa romana del amor. Tiene una hermosa atmósfera arremolinada, bajo la que se esconde una peligrosa tierra de temperaturas abrasadoras y lluvia ácida. Esto hace de Venus un planeta muy diferente de la Tierra, a pesar de que ambos son del mismo tamaño.

Venus es el planeta más brillante del cielo nocturno. Suele verse al atardecer o justo antes de que salga el Sol.

VECINO CERCANO

Venus pasa más cerca de la Tierra que cualquier otro planeta de nuestro sistema solar. Se podría pensar que esto lo convierte en un buen objetivo para visitar y explorar. Sin embargo, las condiciones de su superficie dificultan la supervivencia.

Recreación artística de la sonda Venera-13, que aterrizó en Venus en 1982. Resistió casi dos horas.

El planeta más cálido

Las espesas capas de nubes que rodean Venus actúan como un manto aplastante. Están formadas por sustancias químicas como el dióxido de carbono, el gas que exhalamos. El dióxido de carbono atrapa el calor y hace que la superficie de Venus esté increíblemente caliente. Las temperaturas pueden alcanzar los 460 °C.

La sonda espacial Magallanes pudo observar a través de las nubes y por eso podemos saber cómo es la superficie de Venus.

Bajo las nubes

Las densas nubes de Venus dificultan la visión de su superficie. Los primeros científicos pensaron que las nubes podían proceder de pantanos y que en ellos podrían haber vivido dinosaurios. Astrónomos más recientes han utilizado dispositivos de radar especiales para mirar a través de las nubes y han descubierto que el planeta es estéril y rocoso, sin rastro de dinosaurios.

¿Vida en Venus?

Es probable que la superficie de Venus sea demasiado inhóspita para la vida. Sin embargo, puede que algún tipo de vida sencilla, como los microbios, sobreviva en sus nubes. La NASA planea enviar una nueva sonda espacial llamada DAVINCI para viajar a través de las nubes de Venus y averiguar de qué sustancias químicas están compuestas.

DAVINCI viajará a través de la atmósfera de Venus, tomando fotografías y analizando las sustancias químicas que encuentre.

Volcanes en escudo

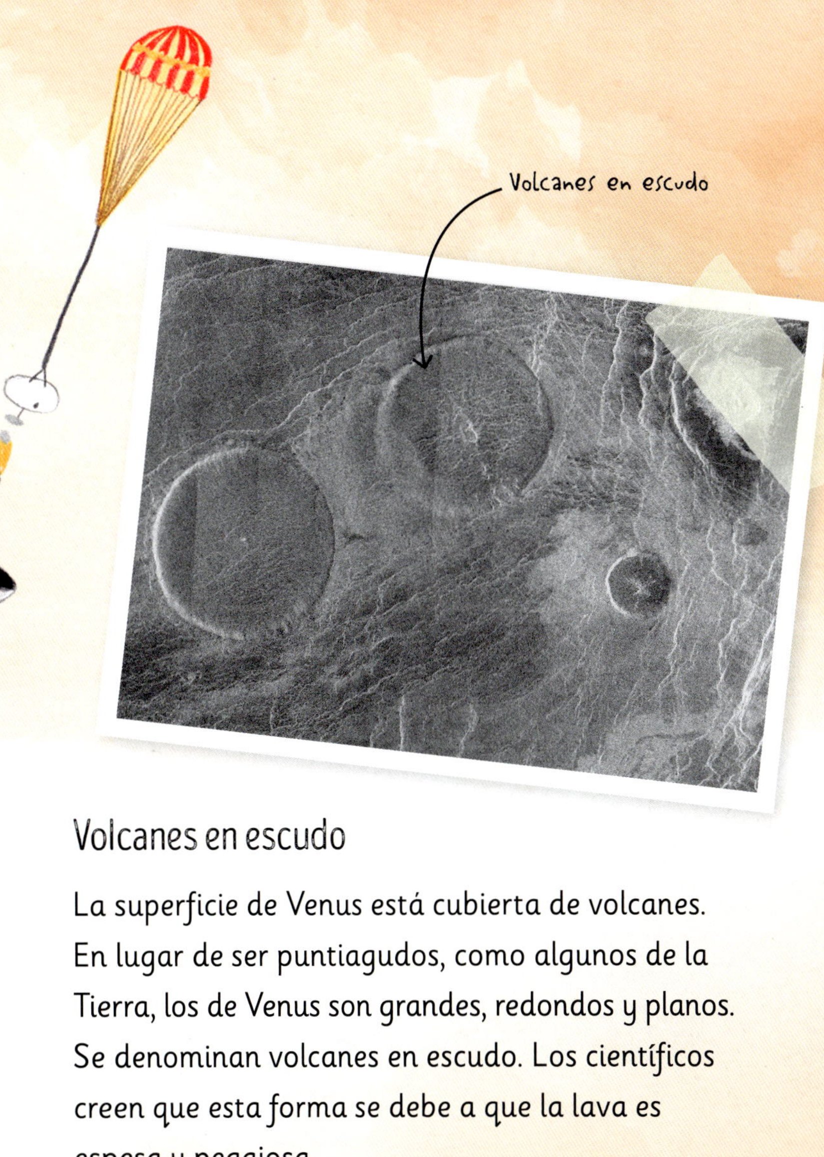

DAVINCI aterrizará en Venus, pero se espera que sobreviva solo 18 minutos.

Volcanes en escudo

La superficie de Venus está cubierta de volcanes. En lugar de ser puntiagudos, como algunos de la Tierra, los de Venus son grandes, redondos y planos. Se denominan volcanes en escudo. Los científicos creen que esta forma se debe a que la lava es espesa y pegajosa.

VALLES MARINERIS

Uno de los mayores accidentes de la superficie de Marte es el Valles Marineris, el cañón más grande de todo el sistema solar.

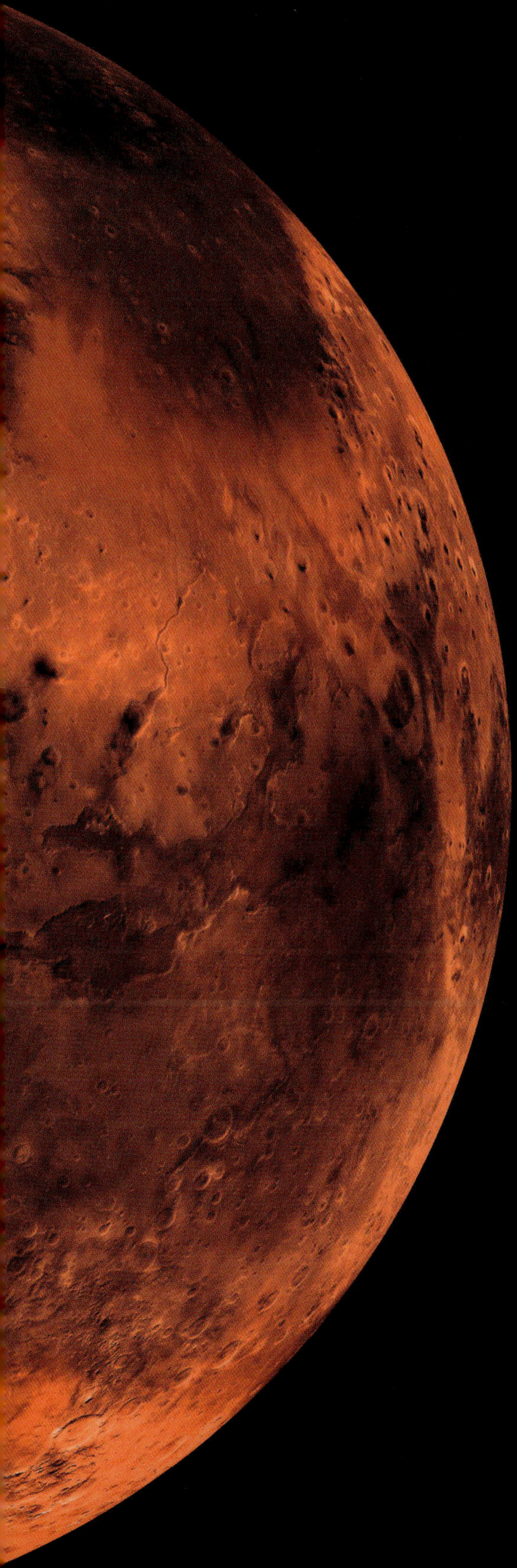

MARTE

El ser humano está obsesionado con Marte desde que lo vio como un punto rojo en el cielo nocturno. Llamado así por el antiguo dios romano de la guerra, Marte ha sido el objetivo de un gran número de misiones. Con la mejora de la tecnología, se espera poder enviar algún día a seres humanos a visitar nuestro planeta vecino.

Esta foto de la superficie de Marte son en realidad varias imágenes unidas. Muestra cómo cambia el color del cielo de Marte a lo largo del día. Las puestas de sol son azules debido al polvo del cielo.

PLANETA DESIERTO

Al igual que la Tierra, Marte es un planeta rocoso con un núcleo metálico. Sin embargo, está una vez y media más lejos del Sol que la Tierra y tiene la mitad de su tamaño. La superficie de Marte es seca, fría y desértica, y no presenta signos de vida.

Curiosity perforó la superficie y halló rocas como las de la Tierra.

Superficie oxidada

La superficie de Marte tiene un característico color rojo anaranjado. Esto se debe al óxido de hierro de las rocas y el polvo. Sin embargo, una vez que se desciende por debajo de la superficie, la roca se parece más a la de la Tierra, con tonos marrones, grises y negros.

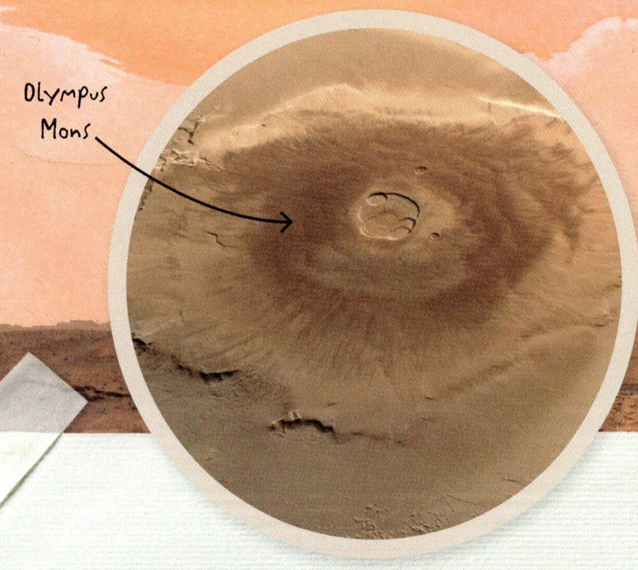

Olympus Mons

Antiguo vulcanismo

Existen numerosas pruebas de que Marte fue un planeta geológicamente activo, como la Tierra. El Olympus Mons es el volcán más grande del sistema solar. Tiene tres veces la altura del Everest.

Curiosity

El róver Curiosity de la NASA es el más grande que ha llegado a Marte. Se lanzó en 2011 y aterrizó en este planeta en 2012. Se envió para analizar el clima y la geología de Marte. Más de una década después de su llegada, sigue con su trabajo de exploración.

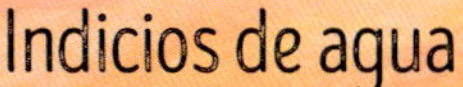

Indicios de agua

Marte es hoy un planeta seco, pero hay muchos indicios de que en el pasado hubo agua líquida en su superficie. Marte tiene rocas que solo se forman en grandes masas de agua, y su superficie presenta características similares a los canales de agua de la Tierra.

Se cree que los canales de la imagen fueron tallados por fuertes flujos de agua en el pasado de Marte.

Helicóptero marciano

La delgada atmósfera de Marte hace que volar sea difícil, pero no imposible. En 2021, un pequeño helicóptero llegó al planeta junto con el róver Perseverance. Bautizado como Ingenuity, este diminuto helicóptero fue el primer objeto fabricado por el ser humano en volar en otro planeta.

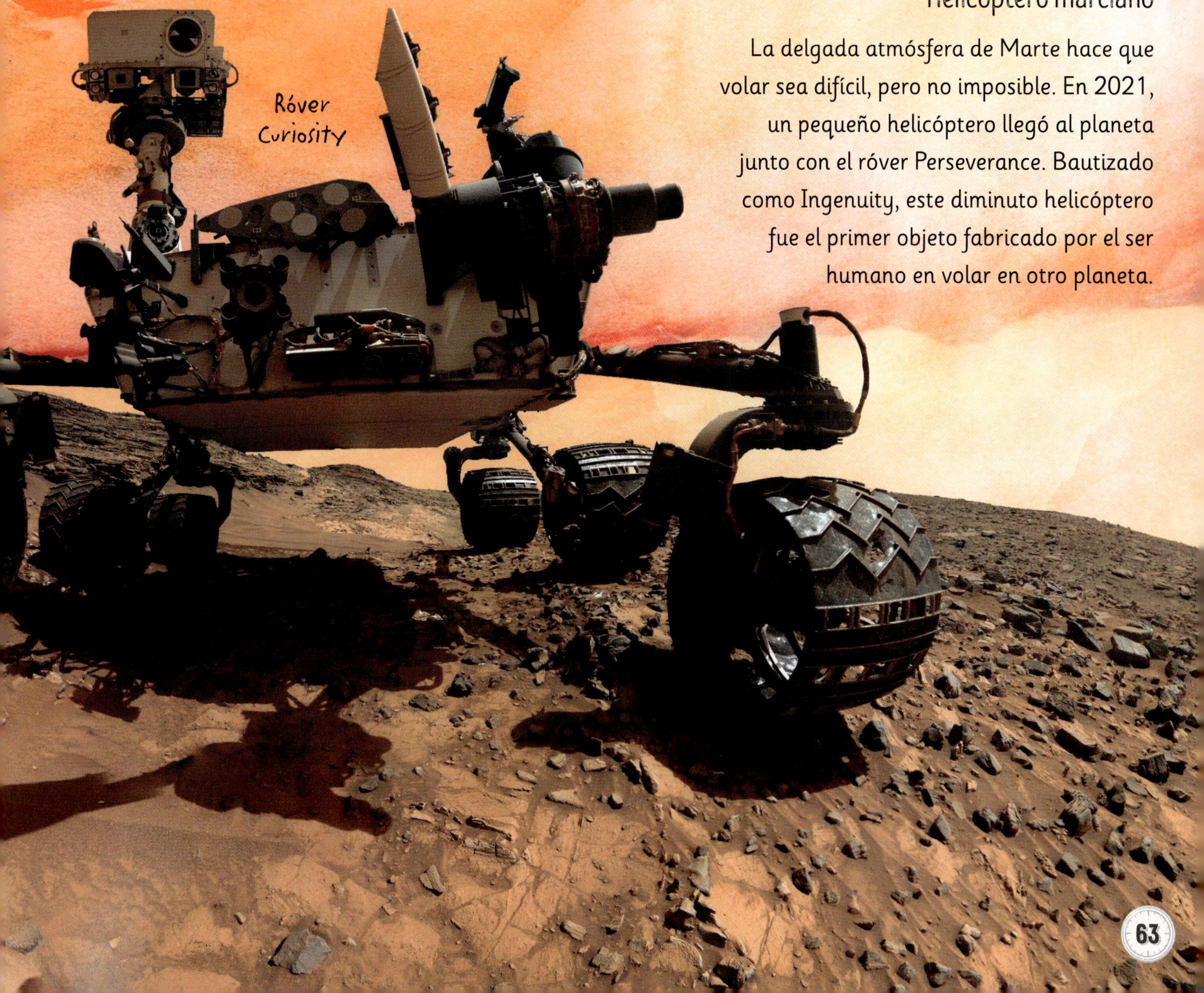

Róver Curiosity

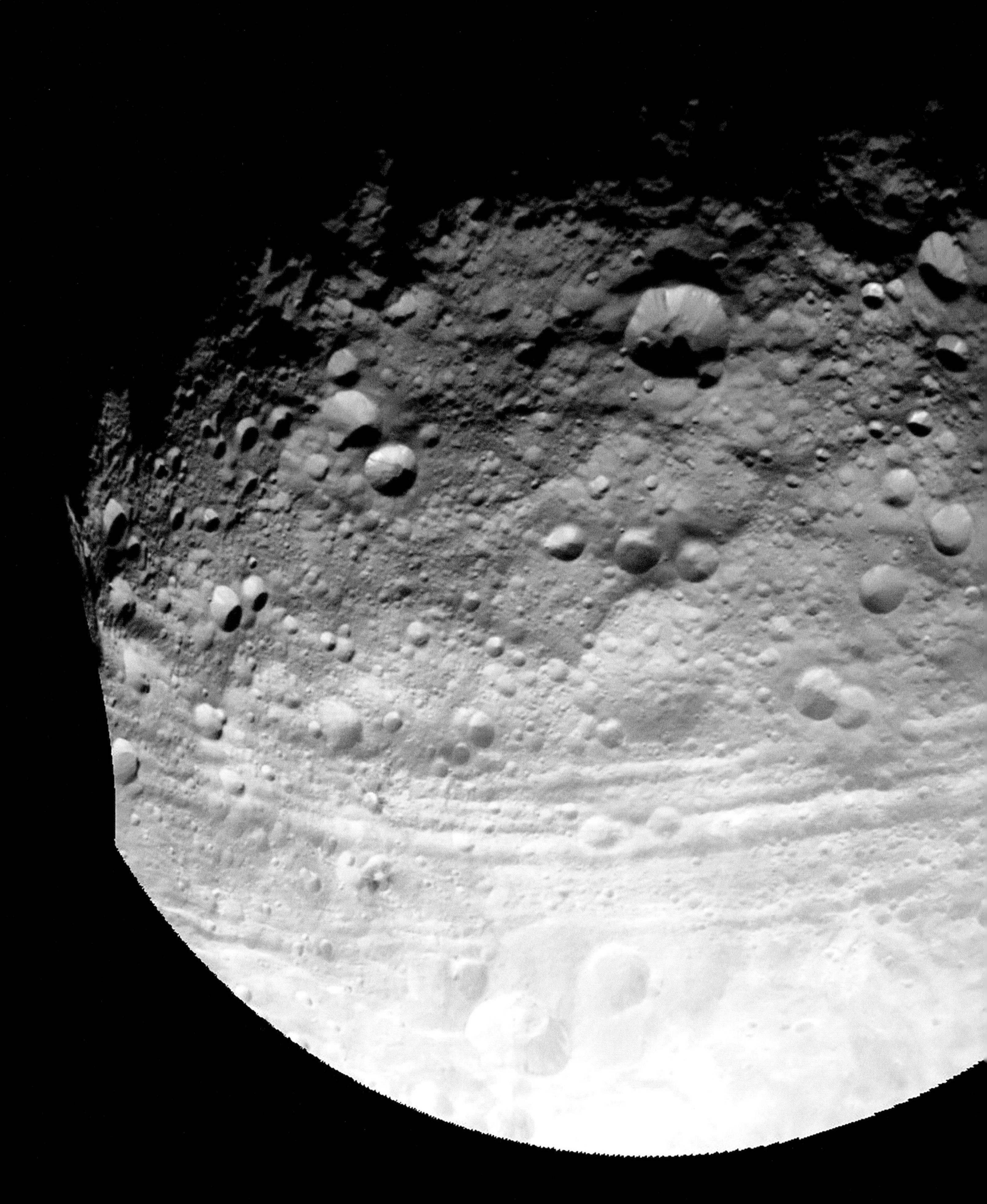

ASTEROIDES

Estos trozos de roca llevan millones de años vagando por el espacio. Por su número, puede decirse que dominan el sistema solar, pues hay muchos más asteroides que planetas. Los asteroides son de distintos tamaños, desde diminutas motas de polvo hasta gigantescos trozos de roca de miles de kilómetros de ancho.

Los asteroides chocan de vez en cuando contra los planetas, ¡dejando cicatrices bastante grandes! Este cráter en Arizona, Estados Unidos, fue causado al chocar un asteroide con la Tierra.

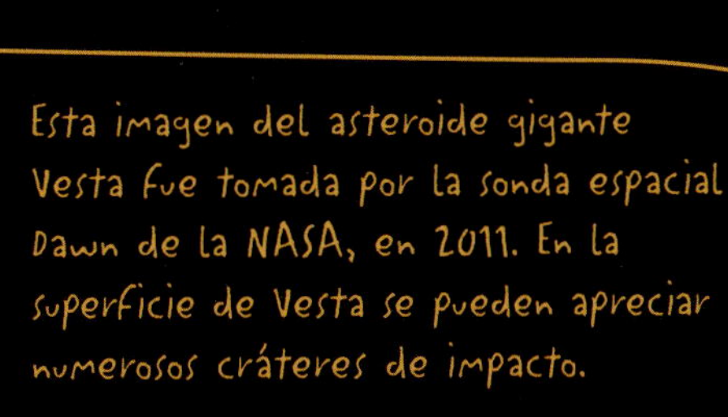

Esta imagen del asteroide gigante Vesta fue tomada por la sonda espacial Dawn de la NASA, en 2011. En la superficie de Vesta se pueden apreciar numerosos cráteres de impacto.

A LA DERIVA POR EL ESPACIO

Los asteroides son el material sobrante de la formación de los planetas. Se sabe que hay al menos un millón de ellos y la mayoría están en el cinturón de asteroides, una zona situada entre Marte y Júpiter. Sin embargo, también hay asteroides en todo el sistema solar interior.

Localizar asteroides

Los grupos de asteroides reciben nombres según su ubicación. Los asteroides troyanos se «esconden» en las órbitas de los planetas. Cuanto mayor es el planeta, más asteroides troyanos suele tener.

El campo o grupo griego de asteroides orbita frente a Júpiter.

GRIEGOS

CINTURÓN DE ASTEROIDES

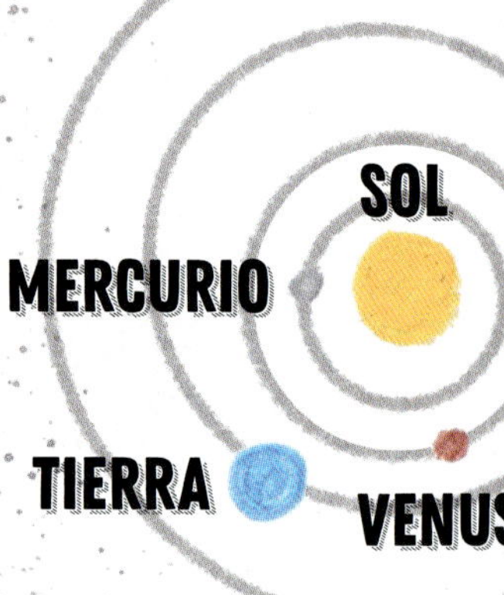

VESTA

HILDAS

Los asteroides Hilda son un grupo situado más allá del cinturón de asteroides, pero dentro de la órbita de Júpiter.

De visita en Vesta

En 2011, la sonda espacial Dawn de la NASA visitó Vesta, uno de los mayores asteroides conocidos. Dawn pasó algo más de un año tomando imágenes y mediciones detalladas de Vesta. Descubrió que pudo haber tenido agua en su superficie.

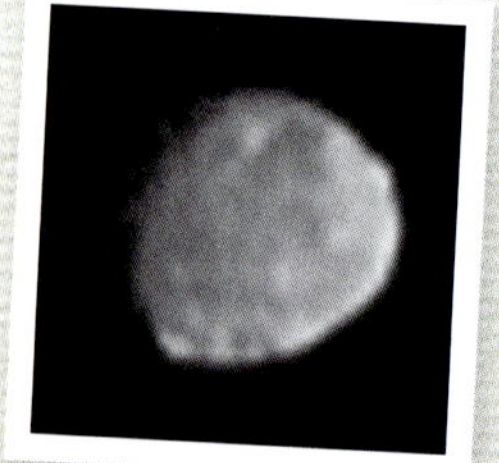

A medida que Dawn se acercaba a Vesta, las imágenes que tomaba eran cada vez mejores.

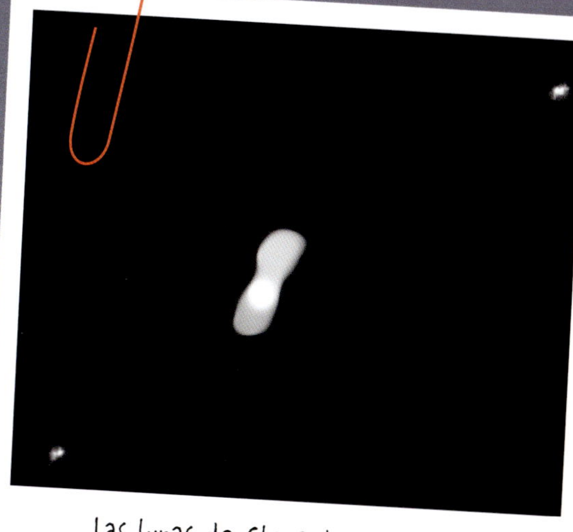

Las lunas de Cleopatra se llaman Alexhelios y Cleoselene.

Características especiales

Al igual que los planetas, algunos asteroides presentan características interesantes e inusuales. Entre ellas, anillos y lunas. Un asteroide con forma de hueso llamado Cleopatra tiene incluso dos lunas.

Minería espacial

Los metales son un recurso valioso, y es probable que haya mucho metal en algunos asteroides. Una idea es extraer material de asteroides y traerlo de vuelta a la Tierra, aunque esto sería muy difícil.

Una sonda espacial visitará el asteroide Psyche en 2029 para averiguar cuánto metal contiene.

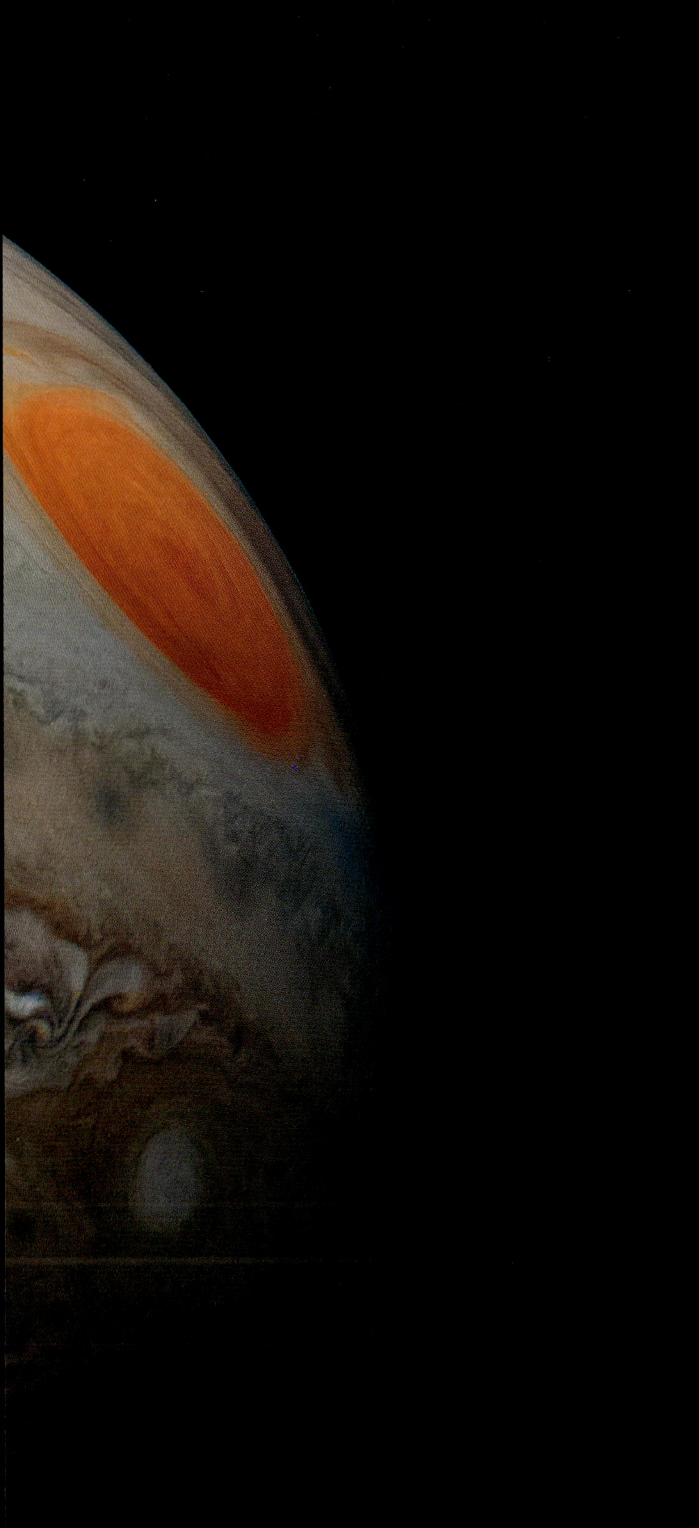

Júpiter se ha estudiado en detalle desde la invención del telescopio. Esta imagen muestra la Gran Mancha Roja, así como otras tormentas en la superficie.

JÚPITER

Bautizado con el nombre del rey de los dioses romanos, el colosal Júpiter es el mayor planeta de nuestro sistema solar. También es uno de los objetos más brillantes de nuestro cielo nocturno. Su brillo ha dado lugar a años de estudio, y los científicos actuales siguen intentando comprender este planeta gigante.

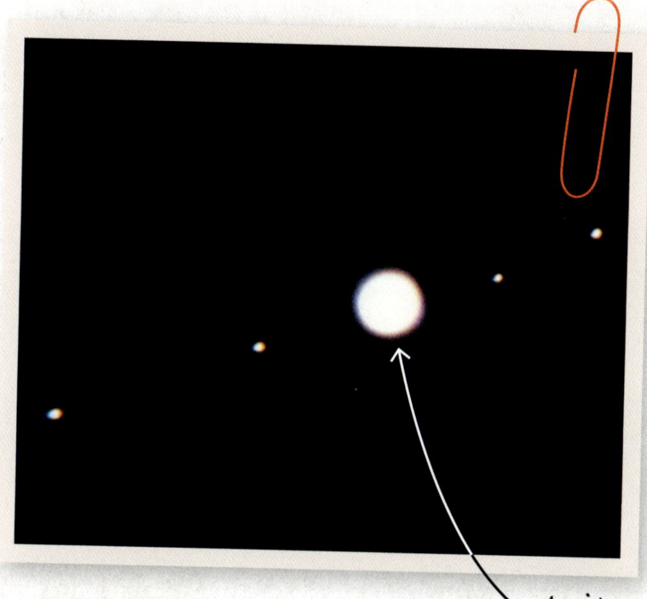

A menudo se pueden observar las lunas más grandes de Júpiter desde casa, con un pequeño telescopio o unos prismáticos.

EL GIGANTE MÁS GRANDE

A diferencia de la Tierra, Júpiter está formado principalmente por remolinos de gas. Este gas sobró tras la formación de nuestro Sol. Es posible que Júpiter fuera el primer planeta en empezar a formarse, lo que le permitió recoger grandes cantidades de material al moverse por el primitivo sistema solar.

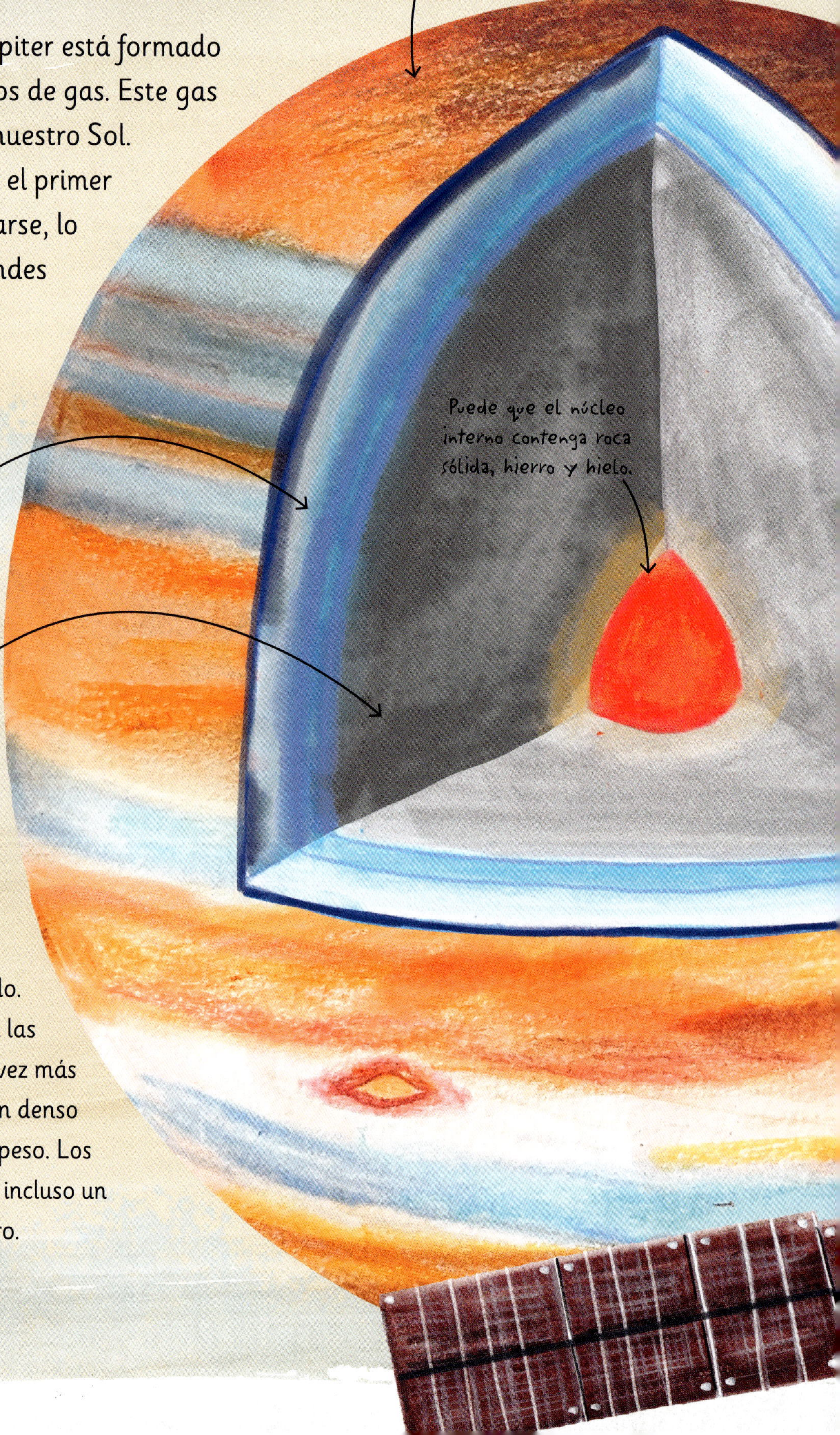

La atmósfera exterior de Júpiter está compuesta principalmente por hidrógeno y helio, en forma de gas.

La atmósfera interior de Júpiter tiene más hidrógeno y helio, pero en forma líquida.

Puede que el núcleo interno contenga roca sólida, hierro y hielo.

El hidrógeno aparece en forma metálica en la capa fluida, lo que significa que conduce la electricidad.

Gigante gaseoso

El gas de Júpiter no es tan delgado. A medida que nos adentramos en las nubes, la gravedad aplasta cada vez más el gas. Al final, el gas se vuelve tan denso que se parece más a un líquido espeso. Los científicos creen que Júpiter tiene incluso un pequeño núcleo sólido en su centro.

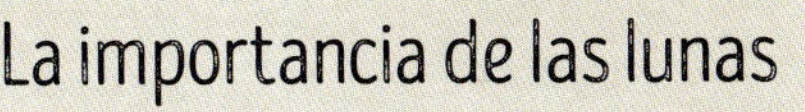

La importancia de las lunas

Júpiter tiene más de 80 lunas. Hace unos 400 años, se avistaron cuatro diminutos puntos de luz cerca de Júpiter. Los astrónomos se dieron cuenta de que estas lunas se movían alrededor de Júpiter, no de la Tierra. Esto les ayudó a descubrir que el Sol era el centro del sistema solar.

Las sondas espaciales como Cassini nos han permitido ver las lunas de Júpiter con mucho más detalle. Esta imagen muestra la luna Ío pasando por delante de Júpiter.

La misión Juno nos permitió observar de cerca la impresionante estructura nubosa de Júpiter.

Nubes infinitas

Júpiter es un planeta fascinante. Su rápida rotación arrastra el gas de su superficie en un impresionante conjunto de remolinos y bandas. Como Júpiter no tiene una superficie de montañas y valles, las nubes soplan sin cesar alrededor del planeta.

La sonda espacial Juno

SATURNO

Puede que solo sea el segundo planeta más grande del sistema solar, pero sus asombrosos anillos hacen que Saturno sea un planeta extraordinario. Su belleza misteriosa ha interesado a los científicos a lo largo de siglos.

La sonda espacial Cassini pasó 13 años orbitando Saturno.

El telescopio espacial Hubble tomó esta imagen de Saturno en 2004.

GIGANTE ANILLADO

Saturno es el sexto planeta desde el Sol. Es uno de los gigantes gaseosos, sin una superficie sólida. Galileo Galilei descubrió sus anillos en 1610, pero no estaba del todo seguro de qué eran. Los científicos no han podido responder a esta pregunta hasta hace poco.

Los anillos de Saturno, captados por el telescopio espacial Hubble.

Anillos enormes

Los asombrosos anillos de Saturno sorprendieron a los primeros astrónomos. No estaban seguros de lo que eran, e incluso algunos los describieron como «orejas». Las misiones de investigación de los anillos han demostrado que en realidad son enormes nubes de roca y hielo. Es posible que los anillos fueran en su día una luna gigante, despedazada por la gravedad de Saturno.

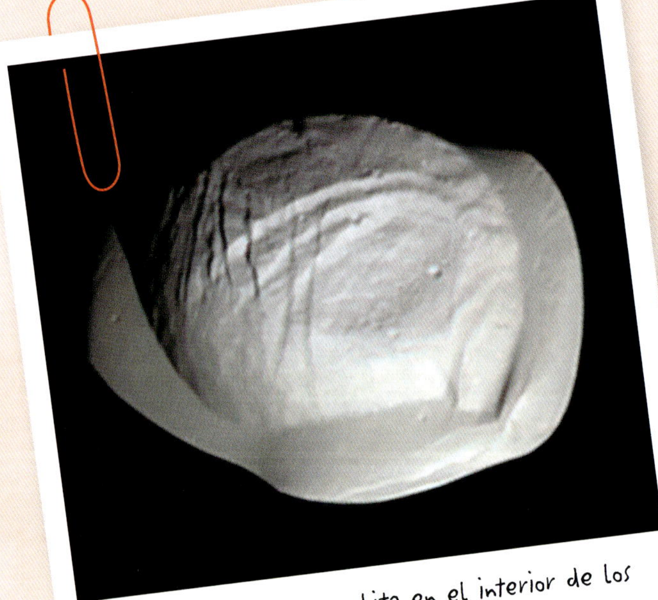

Pan es una luna que orbita en el interior de los anillos de Saturno. Ha acumulado material anular formando una cresta a su alrededor.

Dafne también orbita en el interior de los anillos de Saturno. A medida que se desplaza, crea ondas en el material de los anillos, como la estela de un barco.

Ayudantes lunares

Algunas de las 146 lunas de Saturno están dentro de los anillos del planeta. La gravedad de estas lunas mantiene la forma de los anillos. Con el tiempo pueden crecer o separarse y convertirse en más anillos.

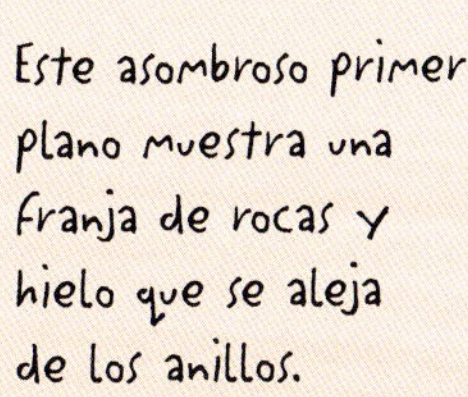

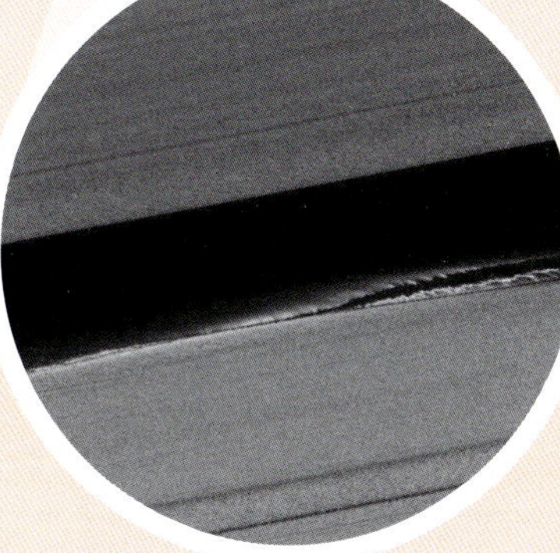

Este asombroso primer plano muestra una franja de rocas y hielo que se aleja de los anillos.

Dos imágenes de los anillos de Saturno, vistos desde la Tierra. La superior se tomó en diciembre de 1994, y la inferior es de mayo de 1995.

Planeta tambaleante

Saturno es un planeta inestable. Esto afecta a la cantidad de anillos que se pueden ver. En ciertos puntos de su órbita, Saturno se tambalea de tal forma que vemos los anillos de perfil, por lo que casi desaparecen. En otros momentos, los anillos se inclinan hacia nosotros y se ven con claridad.

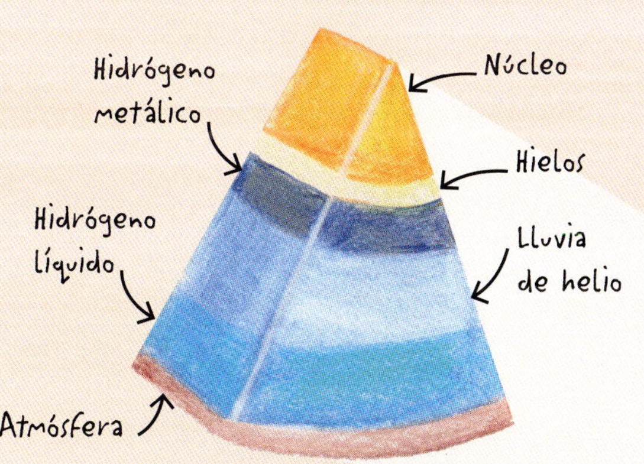

Grande y ligero

Saturno es un planeta peculiar. Pese a su gran tamaño, el material que lo compone está bastante disperso, por lo que su densidad es bastante baja. Este material ligero hace que Saturno se abombe en el centro al girar, lo que le da una forma de bola ligeramente aplastada.

Urano está tan lejos que solo una nave espacial lo ha visitado hasta ahora.

URANO

Es el séptimo planeta desde el Sol y el más lejano que puede verse a simple vista. Está tan lejos que no se reconoció como planeta hasta el siglo XVIII. Cuando William Herschel apuntó su telescopio hacia él, los científicos descubrieron con asombro que se trataba de un planeta y no de una estrella. Fue el primer planeta detectado con un telescopio.

La sonda Voyager 2 es la única nave espacial que ha visitado Urano. Esta foto muestra a los ingenieros preparándola para su épica aventura.

DIOS DEL CIELO

Urano fue descubierto en la era moderna, miles de años después que los demás planetas. Por ello no recibió inicialmente el nombre de un dios o diosa. El primer nombre sugerido fue «la estrella Jorge», en honor del rey de Inglaterra. Este nombre no se hizo muy popular y al final se le llamó «Urano», en honor al antiguo dios griego del cielo.

Gigante de hielo

La distancia de Urano al Sol hace que el planeta sea increíblemente frío. Por eso se le llama «gigante de hielo». Puede que esté formado principalmente por agua, amoníaco y metano. Estudios recientes sugieren que este material puede ser más líquido o gaseoso que sólido.

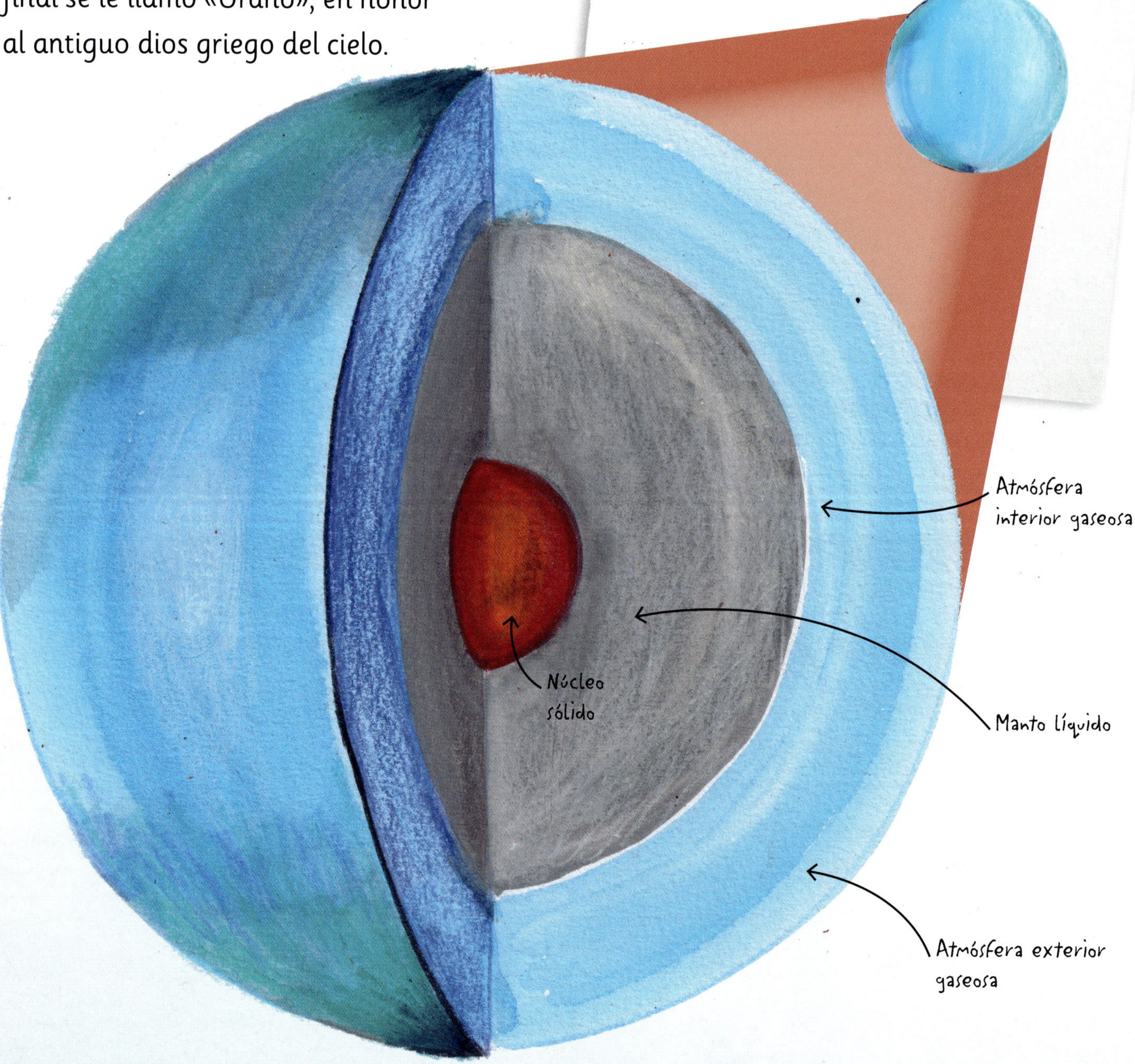

De lado

Los científicos no tardaron en darse cuenta de que Urano parece girar de lado. La mayoría de los planetas giran como peonzas, con su polo norte apuntando en la misma dirección. Urano es un caso extraño: su polo norte apunta hacia un lado. Esto significa que parece rodar como una pelota por el sistema solar.

Estaciones extremas

La inclinación de Urano hace que tenga estaciones extremas. El polo norte recibe luz solar continuada durante más de 40 años, casi la mitad de los 84 años que dura la órbita del planeta. Es probable que esto impulse las tormentas y nubes de su superficie.

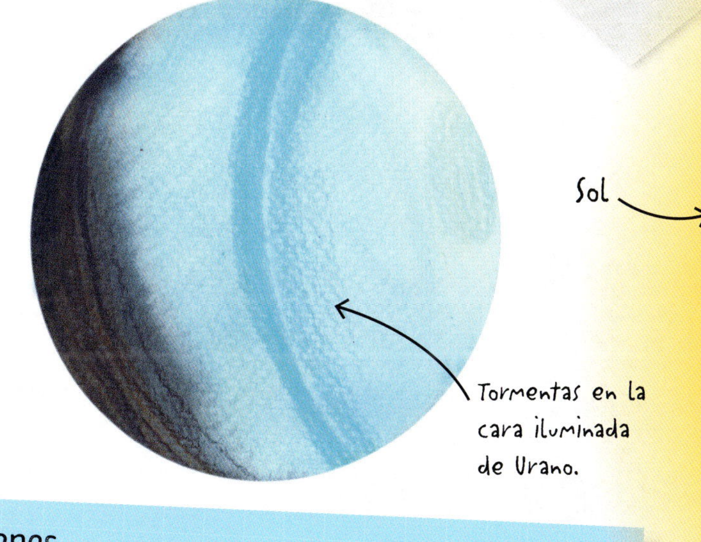

Tormentas en la cara iluminada de Urano.

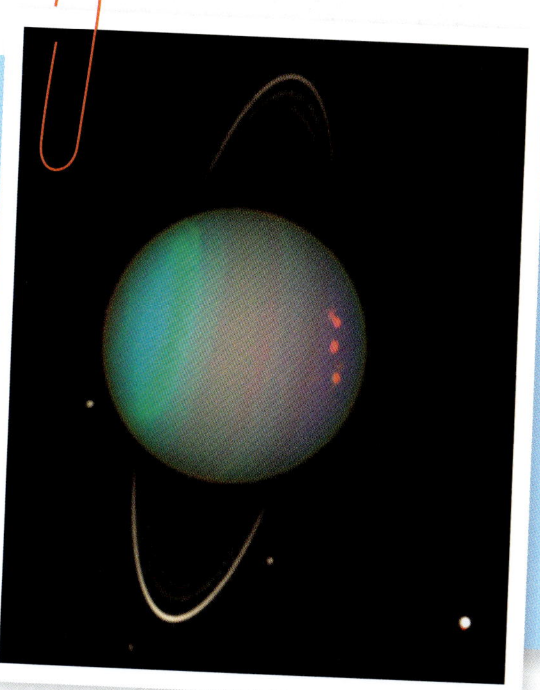

Anillos jóvenes

Cuando la sonda Voyager 2 sobrevoló Urano en 1986, descubrió un tenue conjunto de anillos alrededor del planeta. Los anillos están formados por un material oscuro que dificulta su detección. Los científicos creen que son bastante jóvenes y que pueden haber sido creados por lunas que chocaron entre sí.

Esta imagen del telescopio espacial Hubble muestra los anillos de Urano. Los puntos blancos son algunas de las lunas del planeta.

Esta imagen de Neptuno fue captada por la sonda espacial Voyager 2 cuando sobrevoló el planeta, en 1989.

NEPTUNO

Neptuno es el planeta más alejado de nuestro sistema solar y se encuentra 30 veces más lejos del Sol que la Tierra. Su increíble distancia al Sol lo hace tan tenue que no podemos verlo a simple vista desde la Tierra y los astrónomos necesitaron telescopios para descubrir este misterioso gigante helado.

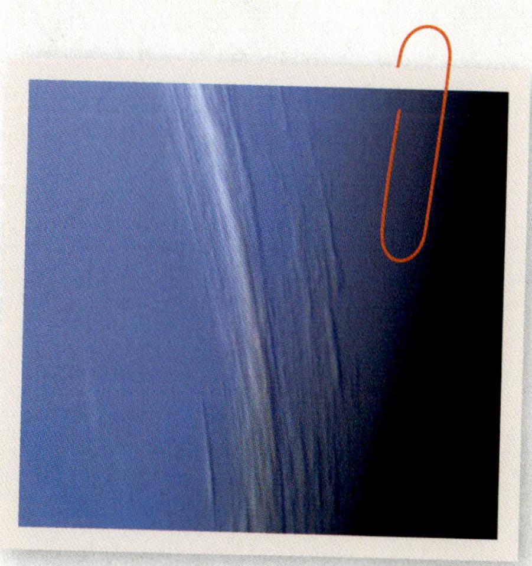

Voyager 2 pasó lo bastante cerca de Neptuno como para detectar bandas de nubes a diferentes alturas en la superficie del planeta.

GIGANTE MISTERIOSO

Cuando los primeros astrónomos estudiaron las órbitas de los planetas, se dieron cuenta de que debía haber otro gran planeta en nuestro sistema solar. En 1846, tras predecir dónde estaría, los astrónomos miraron con sus telescopios y encontraron aquel misterioso octavo planeta: Neptuno.

Estas imágenes de bandas de nubes que se extienden por la superficie de Neptuno las tomó el Very Large Telescope.

NEPTUNO

Anillos delgados

Se ha descubierto un delicado conjunto de anillos alrededor de Neptuno. Los primeros cálculos sugerían que estos anillos deberían haberse nivelado en lugar de formar bandas. Ahora sabemos que es probablemente la gravedad de la luna Galatea (en el interior de los anillos) la que los mantiene estirados formando bandas individuales.

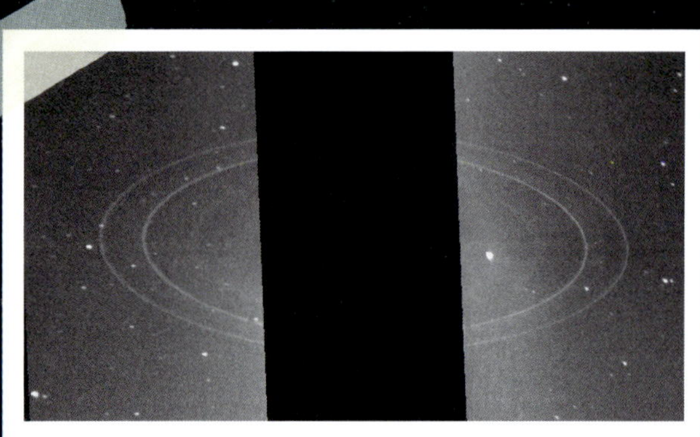

Voyager 2 tomó esta imagen de los anillos de Neptuno. La franja central se debe a una herramienta llamada coronógrafo. Bloquea un objeto brillante, en este caso el planeta, para que podamos ver detalles débiles.

El telescopio espacial James Webb nos ofreció esta vista de los anillos y las nubes de Neptuno.

Un mundo de viento

El desarrollo de los telescopios ha permitido obtener imágenes sorprendentes incluso de objetos remotos, como Neptuno. Hemos descubierto que la superficie de Neptuno está cubierta de fenómenos meteorológicos. Alberga algunos de los vientos más fuertes del sistema solar, así como extensas nubes.

El metano congelado es arrastrado por vientos de 1900 km/h a través de la superficie de Neptuno. Estos vientos a menudo azotan las nubes formando grandes y violentas tormentas. La tormenta más famosa es la Gran Mancha Oscura. Otras tormentas son una pequeña y veloz tormenta brillante llamada Scooter, y una tormenta oscura de centro luminoso llamada el Ojo del Mago.

Gran Mancha Oscura

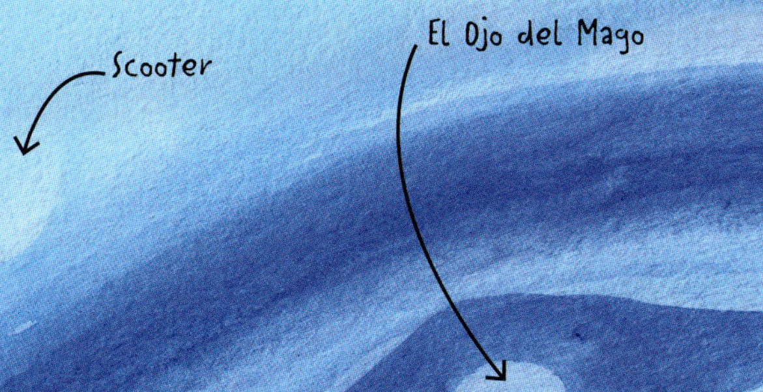

TRITÓN

Tritón tiene la superficie más fría conocida del sistema solar: -235 °C.

Neptuno tiene 14 lunas, que sepamos. La más grande, Tritón, orbita Neptuno al revés que el resto. Esto hace pensar a los científicos que quizá no se formó con el planeta, sino que fue capturada posteriormente por su gravedad.

Pese al frío, la superficie de Tritón muestra indicios de inundaciones, deshielo y erupciones.

COMETAS

Los cometas son bolas frías de polvo y hielo, material sobrante de cuando se formó nuestro sistema solar. Algunos pasan casi todo el tiempo en el cinturón de Kuiper, en los confines del sistema solar. Otros están más lejos, en la nube de Oort. A veces vemos cometas en el cielo nocturno, con colas que se extienden detrás de ellos mientras van hacia el Sol.

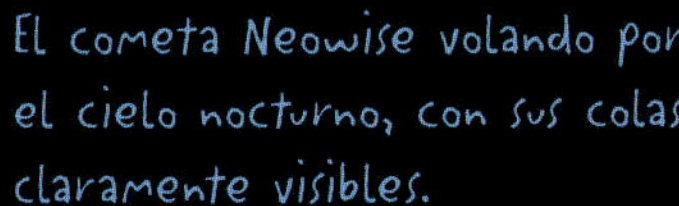

El cometa Neowise volando por el cielo nocturno, con sus colas claramente visibles.

El tapiz de Bayeux incluye una imagen del cometa Halley, que fue visto la víspera de la batalla de Hastings, en 1066.

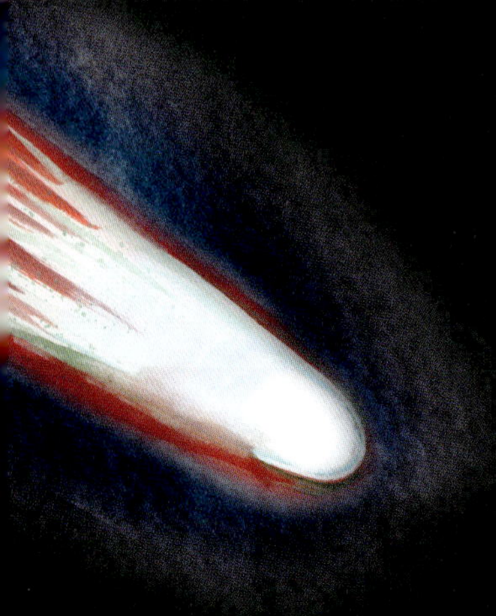

VIAJEROS LEJANOS

Los cometas llevan miles de años apareciendo en nuestros cielos nocturnos. A menudo se pensaba que eran señales de desgracias por venir. Sin embargo, en los últimos años hemos aprendido mucho más sobre estos viajeros de nuestro sistema solar.

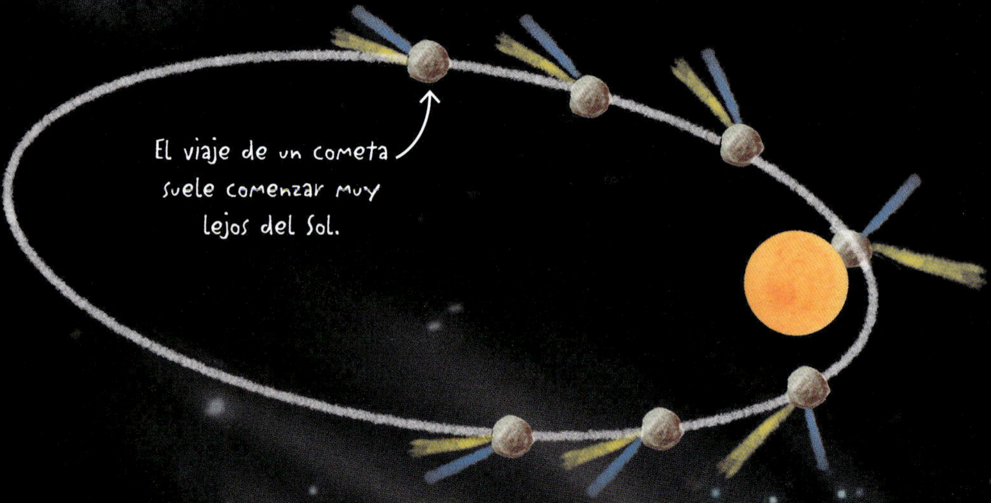

El viaje de un cometa suele comenzar muy lejos del Sol.

Colas de cometa

Cuando un cometa se acerca al Sol, se calienta, los gases de su interior se funden y se desprende polvo, lo que da al cometa dos colas.

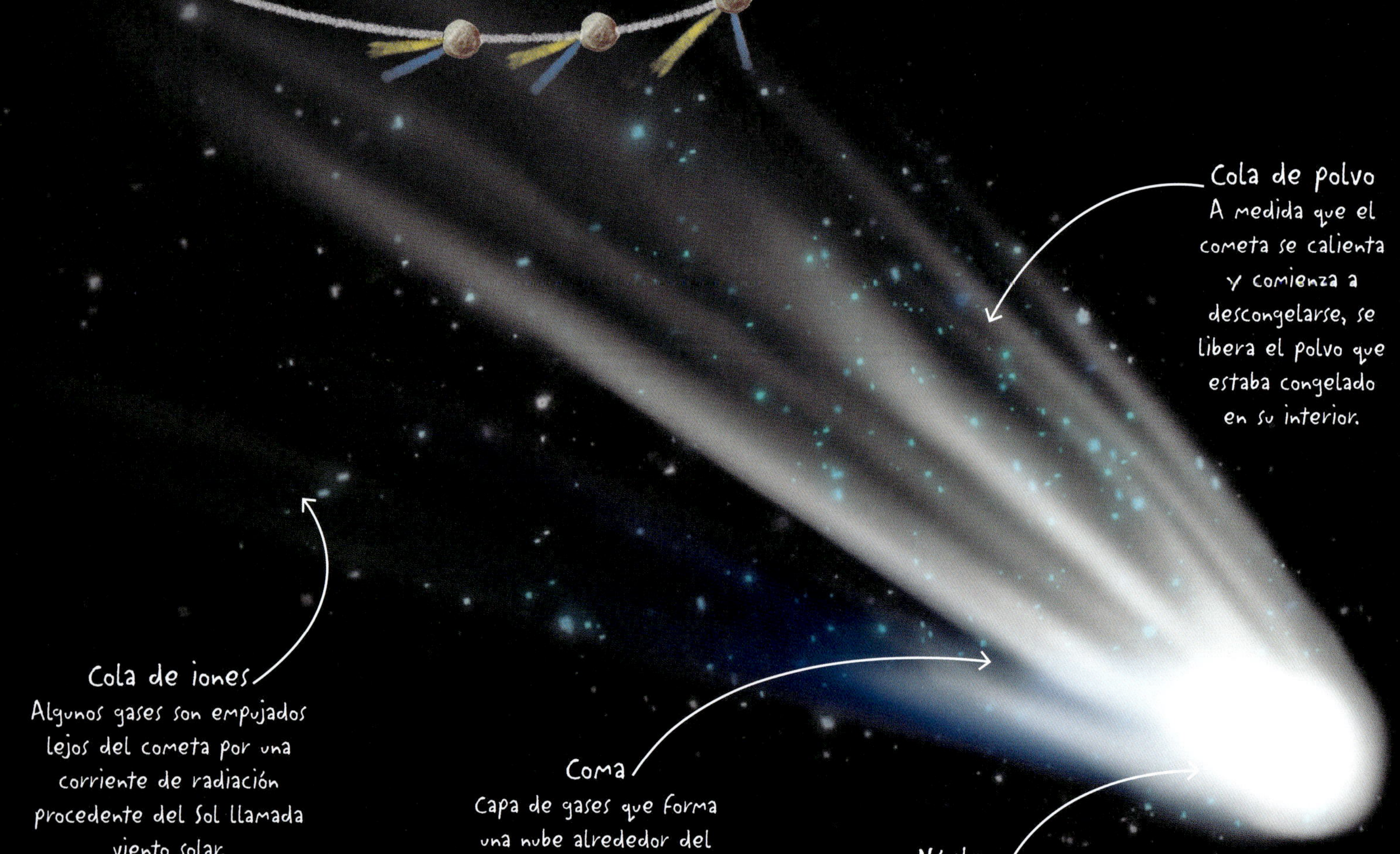

Cola de polvo
A medida que el cometa se calienta y comienza a descongelarse, se libera el polvo que estaba congelado en su interior.

Cola de iones
Algunos gases son empujados lejos del cometa por una corriente de radiación procedente del Sol llamada viento solar.

Coma
Capa de gases que forma una nube alrededor del cometa.

Núcleo
Núcleo sólido de un cometa, formado por hielo, polvo y gases congelados.

Vista de la superficie del cometa 67P desde el módulo de aterrizaje Philae.

La misión Rosetta

En 2014, la Agencia Espacial Europea hizo aterrizar por primera vez una nave espacial en un cometa. Fue un aterrizaje accidentado, pero el módulo Philae pudo analizar la composición del cometa con el uso de una máquina especial.

El cometa Halley tarda unos 76 años en orbitar alrededor del Sol.

Tempel 1 orbita alrededor del Sol en menos de seis años.

La órbita del cometa Hyakutake dura 70 000 años.

Trayectos de los cometas

Los cometas viajan en órbitas achatadas llamadas elipses. Algunos, como el famoso cometa Halley, orbitan alrededor del Sol cada cien años aproximadamente. Otros tardan hasta decenas de miles de años en realizar sus órbitas y viajan mucho más allá de los planetas.

OTROS LOGROS

En 1985, la sonda espacial ICE atravesó la cola del cometa P/Giacobini-Zinner.

En 1986, la sonda espacial Giotto estudió el cometa Halley y realizó las primeras observaciones directas del núcleo de un cometa.

En 2004, la sonda espacial Stardust de la NASA voló alrededor del cometa Wild 2, recogiendo material.

Esta imagen tomada por la sonda espacial New Horizons muestra las llanuras en forma de corazón de la superficie de Plutón.

PLANETAS ENANOS

En 2006 se decidió que Plutón ya no era un planeta. En lugar de ello, pasó a considerarse un planeta enano. Actualmente hay cinco planetas enanos oficiales. Todos orbitan alrededor del Sol y algunos tienen lunas. Los planetas enanos son unos de los objetos más interesantes del sistema solar, a pesar de no ser planetas propiamente dichos.

Los planetas enanos

LOS CASI PLANETAS

Los planetas enanos reúnen muchas de las características necesarias para ser un verdadero planeta. Son lo bastante grandes como para que su gravedad les dé forma casi esférica y orbiten alrededor del Sol. Pero ninguno de ellos es lo suficientemente grande para que su gravedad atraiga hacia sí todo lo que se encuentra en su órbita. Esto es lo que les impide ser auténticos planetas.

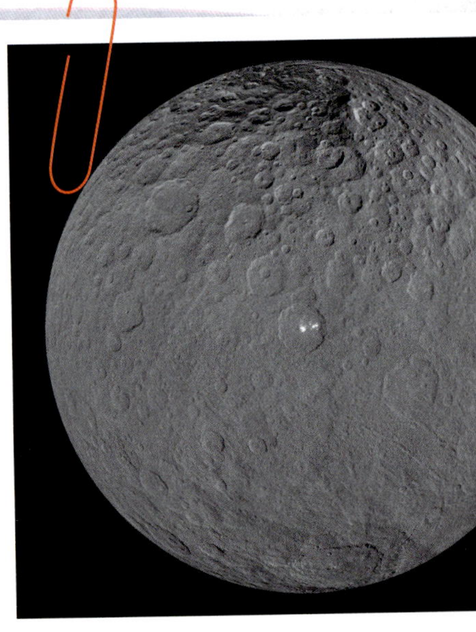

Esta imagen de Ceres fue tomada por la sonda espacial Dawn de la NASA.

Plutón

Plutón se encuentra en el borde de nuestro sistema solar, en una región del espacio llamada cinturón de Kuiper. Plutón es más pequeño que nuestra Luna y tiene sus propias lunas: una grande llamada Caronte y cuatro más pequeñas que giran rápidamente. Este planeta enano también tiene grandes montañas heladas, que deben de flotar en un mar de hielo de nitrógeno.

Esta impresionante imagen de las montañas de Plutón fue tomada por la sonda espacial New Horizons de la NASA.

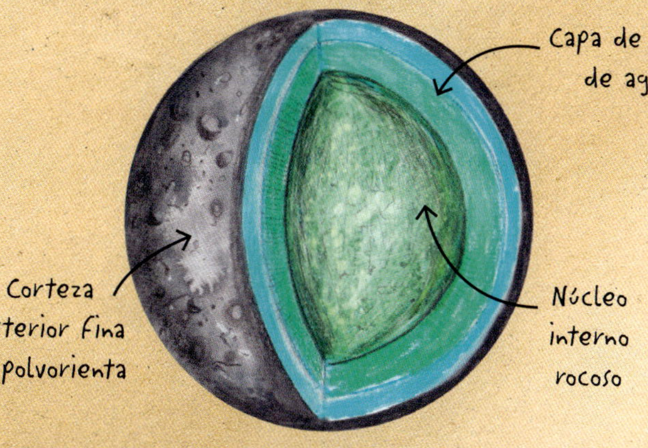

Ceres

Es el planeta enano más cercano a nosotros y el único que se encuentra en el cinturón de asteroides. Ceres es mucho más pequeño que Plutón y no tiene lunas. Hay indicios de la existencia de agua líquida bajo su superficie, lo que podría convertirlo en un buen candidato para albergar formas de vida.

Haumea

De los cinco planetas enanos, Haumea es el más extraño. Más allá de Plutón, en el cinturón de Kuiper, gira muy rápido y parece un huevo gigante. Haumea tiene dos lunas, que probablemente se crearon en una colisión con un asteroide hace muchos años. La misma colisión probablemente creó su tenue anillo.

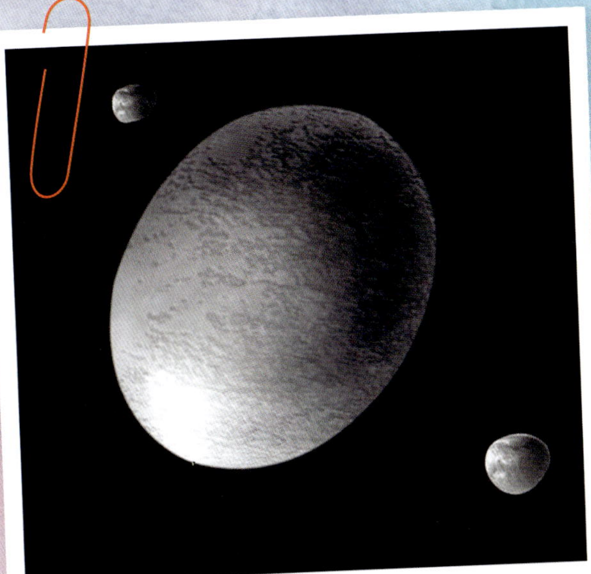

El cometa ISON fue descubierto en 2012. Los detalles de su órbita sugieren que procede de la nube de Oort, en los confines de nuestro sistema solar.

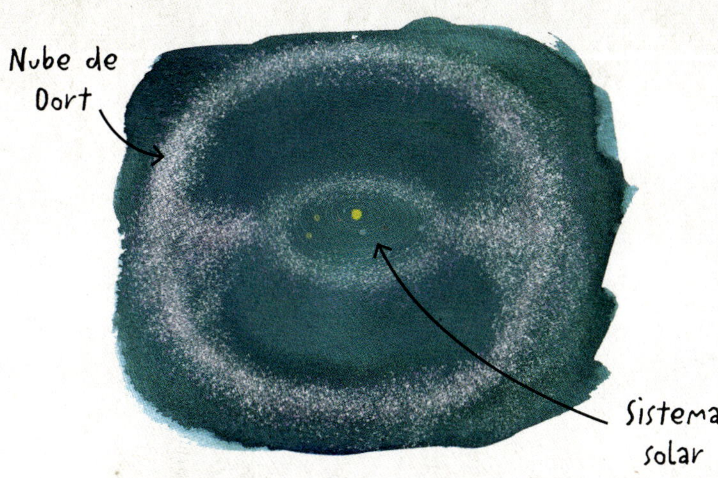

LA NUBE DE OORT

En los confines de nuestro sistema solar hay una nube gigante de pequeños objetos helados, cometas incluidos. Se conoce como nube de Oort y podría ser la última capa de nuestro sistema solar. La nube de Oort está muy lejos de nosotros, pero de vez en cuando algunos de sus cometas se precipitan hacia el interior del sistema solar.

El cometa McNaught pudo verse desde la Tierra en 2007. Parece haber iniciado su viaje más allá del punto de partida habitual de los cometas en el sistema solar.

TRAS EL CINTURÓN

Muchos cometas inician su viaje más allá de la órbita de Neptuno, en el cinturón de Kuiper. Sin embargo, se observó que algunos cometas tenían órbitas que sugerían que procedían de mucho más lejos. Tras estudiarlo, los científicos descubrieron una región distante del espacio de la que podían proceder, que se denominó nube de Oort en honor al astrónomo holandés que realizó gran parte del trabajo.

El límite del sistema solar

Aunque los astrónomos aún no han visto la nube de Oort directamente, están convencidos de que existe. Las investigaciones muestran que debe existir una gran nube con miles de millones de cuerpos helados dando vueltas alrededor de los límites de nuestro sistema solar. Esta nube envolvería a todo el sistema solar.

Tras 50 años de viaje, Voyager 1 ha alcanzado el límite del campo magnético del Sol (heliosfera). Tardará hasta 30 000 años más en atravesar la nube de Oort y abandonar realmente el sistema solar.

Los planetas

Voyager 1

SOL

HELIOSFERA

CREAR CONOCIMIENTO

El astrónomo estadounidense Armin Leuschner empezó a analizar de dónde procedían los cometas lejanos. A raíz de ello, Ernst Opik, de Estonia, sugirió la idea de la existencia de una nube. Jan Oort unió estos trabajos para demostrar que la nube probablemente existe.

Los cometas

La mayor parte del tiempo, los objetos helados de la nube de Oort están en órbitas estables. No se sabe muy bien qué es lo que los desvía de su trayectoria y los envía hacia el interior del sistema solar. Los científicos creen que el paso de estrellas cercanas hace que algunos objetos se desvíen hacia el Sol.

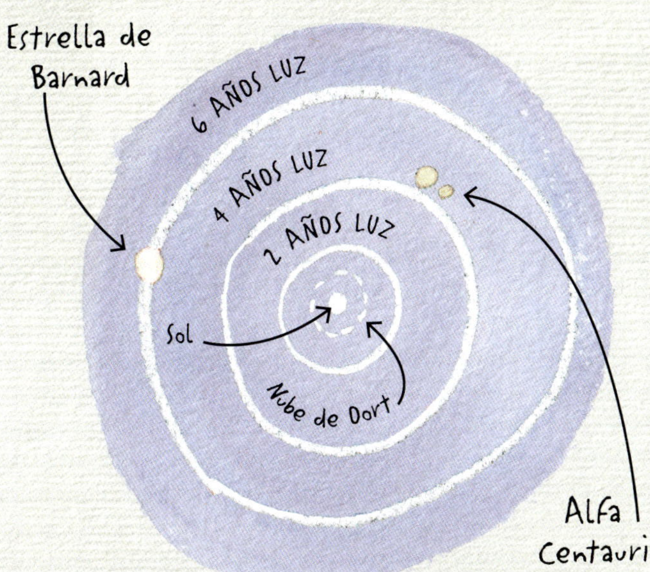

Otras estrellas de nuestra galaxia, como Alfa Centauri y la estrella de Barnard, se mueven. La gravedad de estas estrellas en movimiento podría empujar a los objetos de la nube de Oort hacia nuevos rumbos, pese a estar a años luz de distancia.

NUBE DE OORT

Objeto interestelar

En 2017, los astrónomos detectaron un objeto que podría proceder de un lugar aún más lejano que la nube de Oort. 'Oumuamua era un objeto largo y rocoso avistado volando a través de nuestro sistema solar. Ahora se cree que puede ser el primer objeto confirmado que procede de otro sistema solar.

Jan Oort

Representación artística del aspecto que se cree que tiene 'Oumuamua.

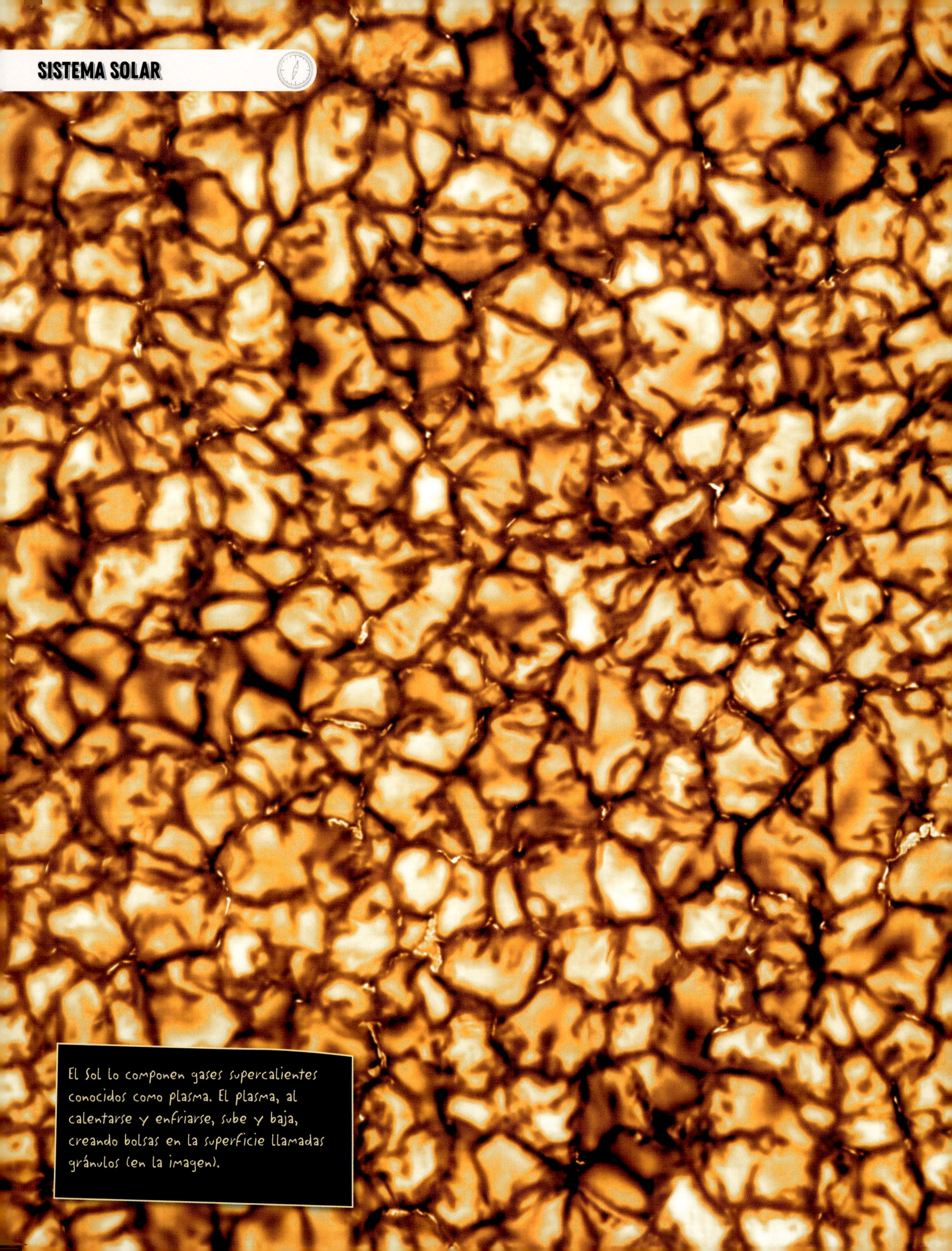

El Sol lo componen gases supercalientes conocidos como plasma. El plasma, al calentarse y enfriarse, sube y baja, creando bolsas en la superficie llamadas gránulos (en la imagen).

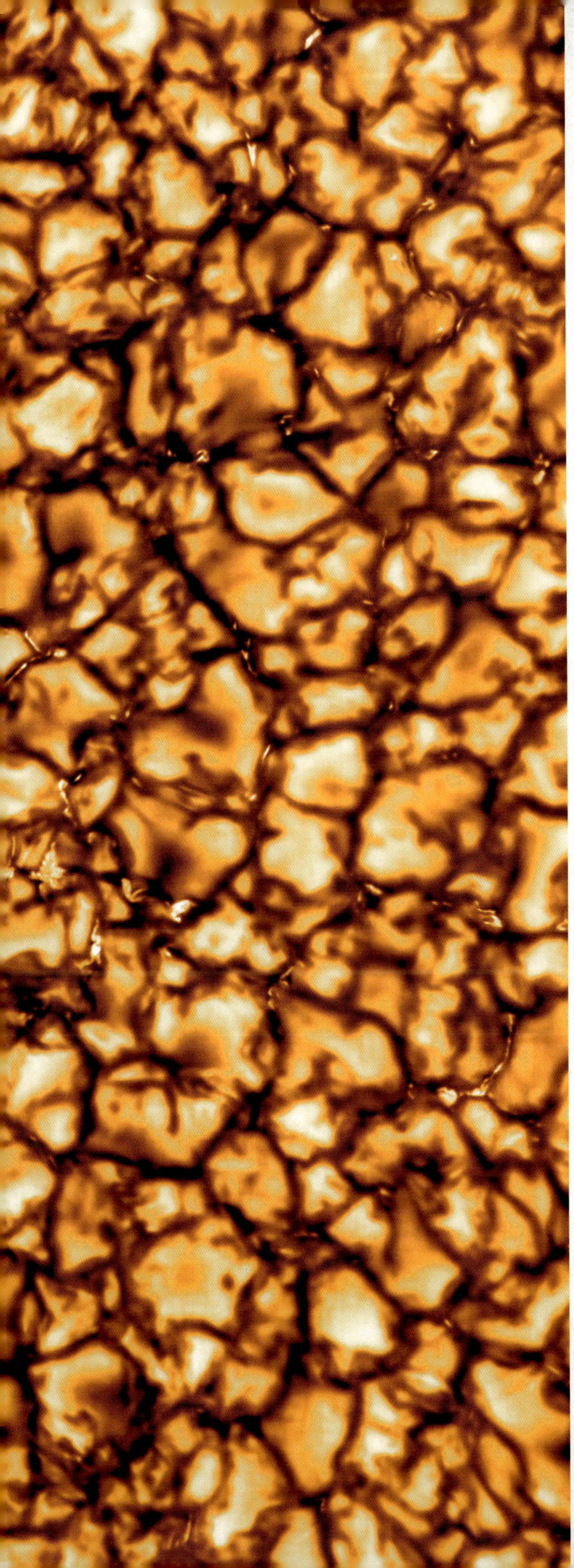

EL SOL

El Sol es una estrella, una gigantesca bola de gas supercaliente. Produce toda la luz y el calor necesarios para la vida en la Tierra. El Sol contiene la mayor parte de la masa del sistema solar y se sitúa en su centro: la gravedad del Sol mantiene a todos los demás elementos en órbita a su alrededor.

El Sol mide casi 1,4 millones de km de ancho y en su interior cabrían 1,3 millones de Tierras.

ENORME ENERGÍA

El Sol produce energía mediante un proceso de fusión en el que el hidrógeno gaseoso se fusiona para formar helio gaseoso. Esto libera principalmente energía calorífica. La superficie del Sol está a 5800 °C, unas 300 veces más caliente que un horno. Su núcleo está a unos 15 millones de °C.

Como los planetas, el Sol se compone de muchas capas.

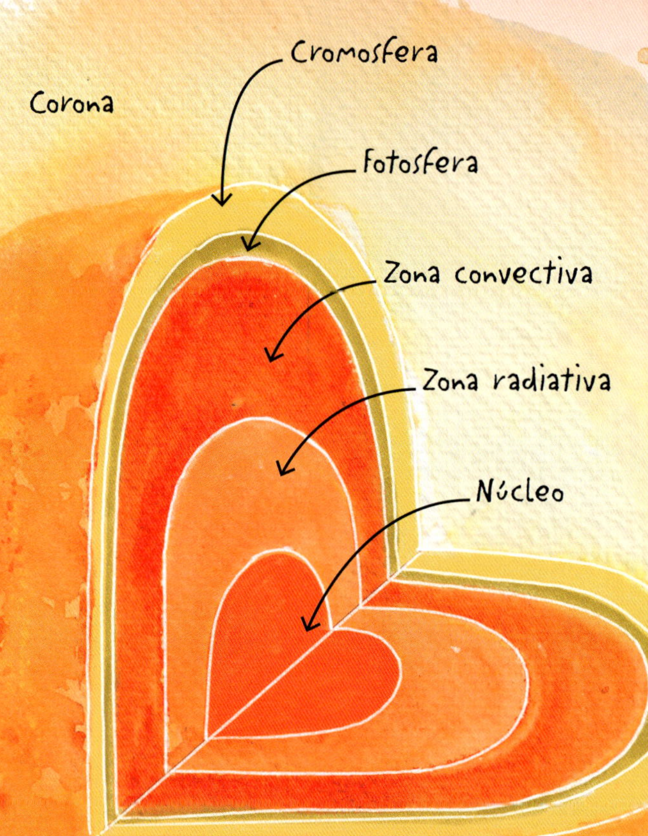

Erupción solar

Esta imagen muestra la energía que emana del Sol tras una erupción solar.

Eyecciones energéticas

El Sol tiene fuertes campos magnéticos que hacen que en su superficie se formen zonas más oscuras llamadas manchas solares. A veces, estas se vuelven repentinamente más brillantes y liberan una gran cantidad de energía en una erupción solar. Esta puede ser superior a la de un millón de bombas nucleares y puede arrojar al espacio material del Sol.

Durante un eclipse total de Sol solo puede verse el anillo nebuloso de la corona solar.

Eclipses

La Luna tiene el tamaño justo para que, si pasa entre la Tierra y el Sol en el ángulo adecuado, pueda bloquear la luz solar. Esto se denomina eclipse solar. Si el Sol queda totalmente cubierto, lo llamamos eclipse total. Cuando esto ocurre, los pájaros dejan de cantar y todo se vuelve más frío y silencioso.

Sol

Tierra

Luna

Un eclipse solar se produce cuando la Luna pasa entre la Tierra y el Sol.

¡Nunca mires directamente al Sol!

Nuestro Sol es fascinante, y puede ser tentador mirarlo, pero es tan brillante que, si lo haces, puedes dañarte los ojos de forma permanente. Puedes mirar al Sol de forma segura usando filtros especiales o una cámara estenopeica.

Vemos la luna de la Tierra todas las noches. ¿No es algo maravilloso?

MUCHAS LUNAS

Cuando pensamos en nuestro sistema solar, solemos centrarnos en los planetas, pero hay más de 200 lunas orbitando alrededor de ellos, y algunas son bastante curiosas.

Por la forma en que la Luna orbita, solo vemos una de sus caras. Esta imagen muestra la cara oculta de la Luna, la que no podemos ver desde la Tierra.

COMPAÑERAS DE LOS PLANETAS

En nuestro sistema solar hay lunas extrañas y maravillosas. Dejemos de lado los planetas para ver qué podemos aprender a través de sus compañeras.

La poderosa Ganímedes es tan grande que si orbitara alrededor del Sol, en lugar de Júpiter, se la consideraría un planeta.

La luna más grande

Ganímedes es la luna más grande del sistema solar. Es mayor que Mercurio y casi tan grande como Marte. Es tan grande que tiene un campo magnético que crea auroras similares a las que se ven en la Tierra.

El telescopio espacial Hubble detectó auroras brillantes en la atmósfera de Ganímedes.

Luz de luna

Encélado, la luna de Saturno, es el objeto más reflectante del sistema solar, ya que está cubierto por una gruesa capa de hielo. Este hielo procede de un enorme océano subterráneo. El agua brota de los géiseres y se congela en su superficie, ¡haciéndola muy brillante!

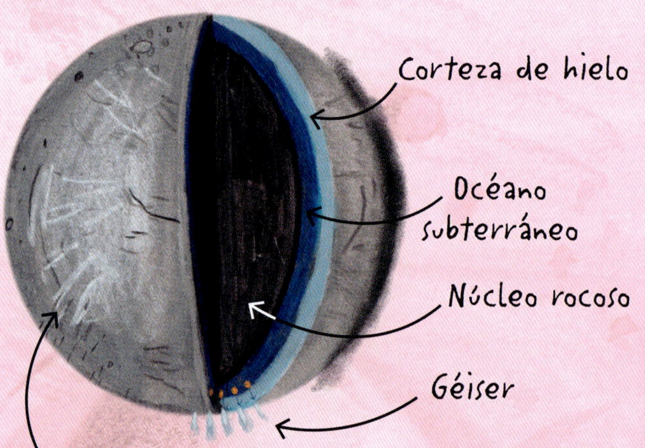

La gruesa corteza de hielo presenta grietas y valles, lo que sugiere que su superficie cambia constantemente. Incluso puede haber vida nadando en estos océanos.

Ío volcánica

Ío es la luna más cercana a Júpiter. La gravedad de Júpiter la aplasta y aprieta constantemente, lo que la convierte en el objeto más volcánico del sistema solar: ¡hay más de 400 volcanes en su superficie! Algunos de los volcanes de Ío son más altos que el monte Everest, en la Tierra. Ío está cubierta de una sustancia química llamada azufre, que le da un color amarillo.

Los volcanes de Ío agitan constantemente nuevos materiales sobre su superficie, dándole un aspecto extrañamente liso.

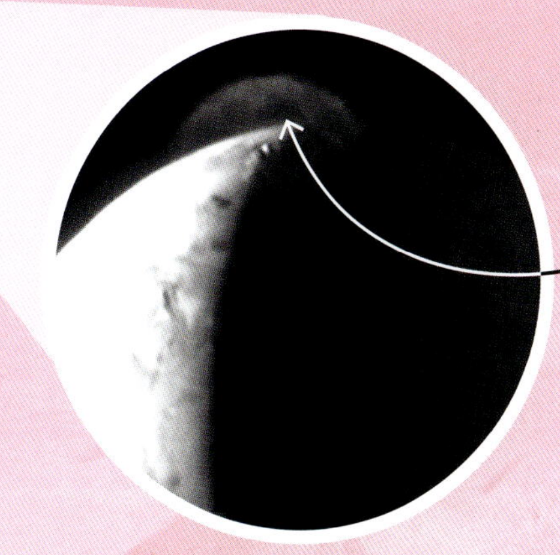

La sonda espacial New Horizons captó esta enorme erupción volcánica en la superficie de Ío. El material se lanzó a 330 km de altura.

Formación de la Luna

Los estudios sobre nuestra Luna han mostrado que contiene rocas similares a las de la Tierra. Esto sugiere que, cuando la Tierra era bastante nueva, un gran objeto chocó con ella y arrojó escombros al espacio. Estos restos fueron capturados por la gravedad terrestre y se convirtieron en la Luna.

Theia

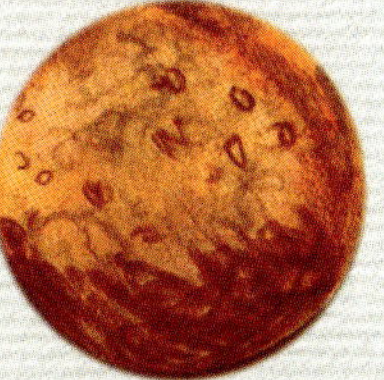

Tierra

Impacto

Disco de escombros

Luna

Los escombros se unen

Esta Gran Mancha Blanca tenía más de 9500 km de ancho, más que la distancia entre Londres (Reino Unido) y Perth (Australia).

METEOROLOGÍA ESPACIAL

En el sistema solar se producen también fenómenos meteorológicos. Algunos de los más intensos se presentan en forma de tormentas, como la Gran Mancha Blanca de Saturno.

Esta imagen emplea distintos colores para mostrar los patrones de las nubes durante una Gran Mancha Blanca.

VIENTO Y LLUVIA SALVAJES

Se han encontrado tipos extremos de clima en planetas y lunas de todo el sistema solar. Desde vientos del tamaño de un planeta hasta sorprendentes lluvias, el clima espacial puede ser realmente salvaje. Es probable que el clima espacial no acabe en nuestros vecinos más cercanos: los científicos creen que es posible que exista clima en todo el universo.

Tormentas gigantes

Saturno y Júpiter son conocidos como planetas gigantes gaseosos. Al girar, sus superficies gaseosas se arremolinan, creando tormentas gigantes. Una de las tormentas más famosas es la Gran Mancha Roja de Júpiter, un enorme huracán que lleva más de 350 años causando estragos.

La Gran Mancha Roja de Júpiter tiene 1,3 veces la anchura de la Tierra.

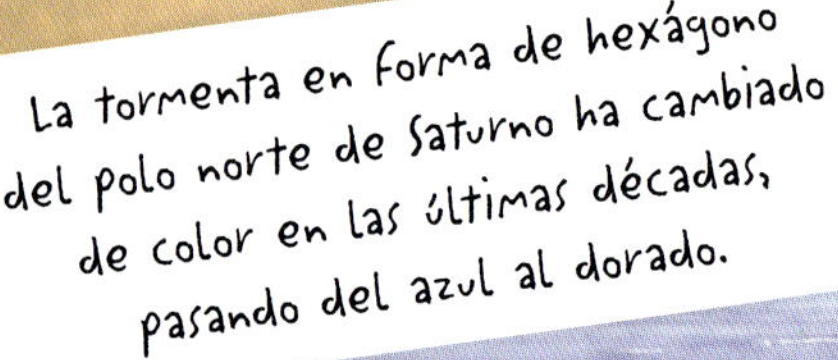

La tormenta en forma de hexágono del polo norte de Saturno ha cambiado de color en las últimas décadas, pasando del azul al dorado.

Es difícil saber qué ocurre bajo la atmósfera de Urano, pero los experimentos sugieren que tiene lugar una lluvia de diamantes.

Lluvia de diamantes

Los científicos creen que las nubes de Urano contienen probablemente diamantes en lugar de agua. Además, es probable que sean diamantes bastante grandes: ¡cada uno tendría el tamaño de una ballena azul!

Un remolino de polvo, causado por el aire caliente que se eleva y acumula arena.

Una tormenta de polvo barre la superficie de Marte.

Polvo peligroso

En los planetas rocosos, como Marte, el clima adopta una forma diferente. Marte tiene poca gravedad, lo que significa que el viento puede levantar aún más polvo que en la Tierra. Los científicos han descubierto enormes tormentas de polvo que a veces cubren todo el planeta. El seguimiento de estas tormentas es importante, pues pueden dañar las misiones.

El telescopio espacial Hubble se lanzó al espacio en 1990. Ofrece vistas increíblemente nítidas del espacio profundo.

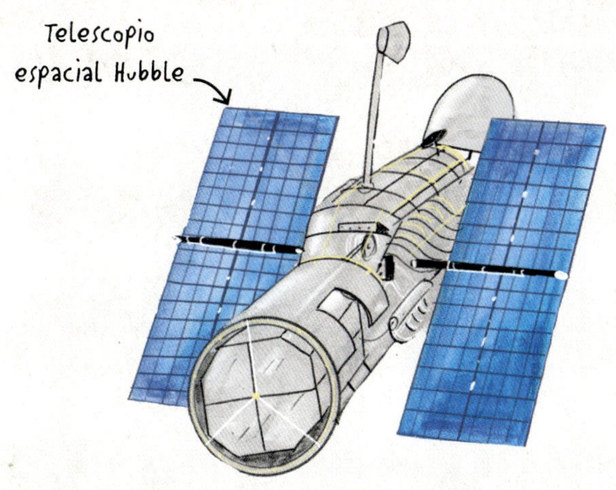

MIRAR AL ESPACIO

Llevamos miles de años mirando al espacio. Las pinturas rupestres de la Antigüedad muestran cómo nuestros antepasados se asombraban ante las estrellas e intentaban comprender su significado. Con el tiempo, hemos mantenido este interés y mejorado nuestra capacidad de observar y comprender el universo.

En 1668, Isaac Newton utilizó un telescopio muy parecido a este. La tecnología de los telescopios ha avanzado mucho en los últimos 400 años.

OJOS EN EL CIELO

El primer telescopio lo inventó en 1608 Hans Lippershey, y cambió la forma de explorar el universo. Los telescopios ven estrellas que nuestros ojos no pueden detectar. Nos ayudan a ver los planetas como discos y no como puntos de luz, y nos permiten observar el universo con más profundidad que nunca.

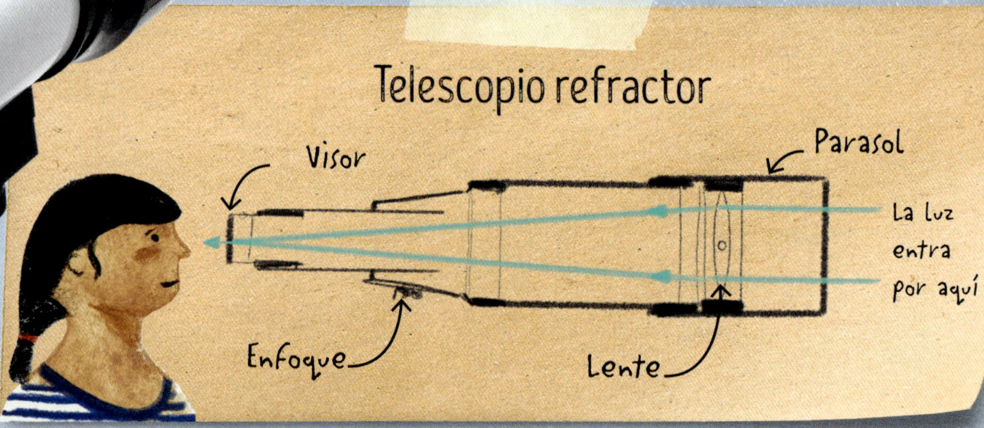

Telescopio refractor

Visor

Parasol

La luz entra por aquí

Enfoque

Lente

Desviar la luz

Los telescopios recogen más luz de la que pueden captar nuestros ojos. Para ello utilizan lentes y espejos que desvían gran cantidad de luz hacia un pequeño punto que nuestros ojos, o una cámara, pueden detectar. Esto nos permite ver muchos más detalles.

TELESCOPIOS ESPECIALIZADOS

Los astrónomos utilizan muchos telescopios diferentes para explorar el espacio. A menudo tienen usos específicos y emplean distintas herramientas.

TESS

TESS busca planetas en órbita alrededor de otras estrellas. Estos planetas se denominan exoplanetas. TESS observará más de 200 000 estrellas en busca de exoplanetas.

Estrellas titilantes

Los telescopios, cada vez más grandes y mejores, nos ayudan a ver imágenes nítidas del espacio profundo. Pero en la Tierra, la atmósfera dificulta las cosas. Si alguna vez has mirado las estrellas en una noche despejada, habrás visto que titilan. Las estrellas en sí no titilan ni cambian de brillo. Este efecto se debe a que el aire de nuestra atmósfera hace oscilar la luz en su camino hacia nuestros ojos. Los astrónomos lo llaman «seeing».

Estrella

Recorrido más corto: titilan menos

Recorrido más largo: titilan más

Atmósfera

Las estrellas parecen titilar debido al mismo efecto que hace que las cosas parezcan dobladas cuando se meten en agua.

Telescopios espaciales

Para evitar que la atmósfera de la Tierra hiciera que nuestras imágenes se vieran borrosas, empezamos a lanzar telescopios al espacio. Los telescopios espaciales pueden usarse siempre, sin tener que esperar a que se ponga el Sol. El telescopio espacial Hubble, por ejemplo, ha tomado más de 1,5 millones de fotografías.

Esta imagen muestra el lanzamiento del telescopio espacial Hubble por el transbordador espacial Discovery, en 1990.

El Hubble captó esta asombrosa imagen de la Nebulosa Burbuja en su 26 cumpleaños.

Euclid

Euclid busca un misterioso material llamado materia oscura. Observará miles de millones de galaxias, algunas de ellas a 10 000 millones de años luz.

Planck

El telescopio Planck estudió un tipo de luz llamada microondas. Se lanzó en 2009 y estudió los cielos durante cuatro años.

Así se ve la constelación de Orión en la vida real, observada desde la Tierra.

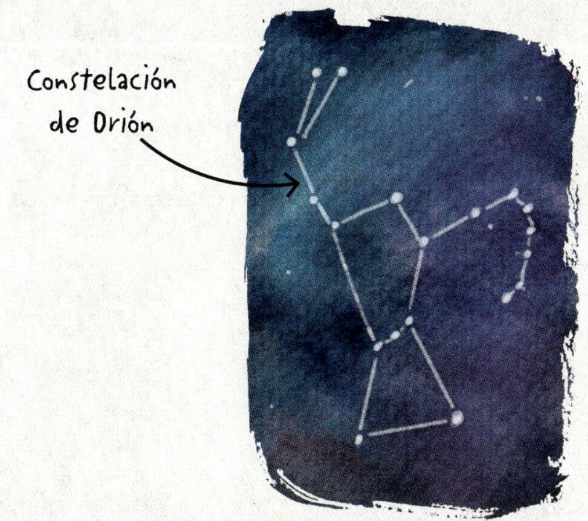

CONSTELACIONES

Las constelaciones son grupos de estrellas en el cielo nocturno. Durante miles de años, los humanos han visto imágenes en estos grupos y les han dado nombres asociados a mitos y leyendas. También las utilizaban para orientarse en alta mar.

Los antiguos griegos bautizaron la constelación de Orión con el nombre de un famoso cazador, cuya imagen veían dibujada en las estrellas.

HISTORIAS FAMOSAS

Existen 88 constelaciones reconocidas oficialmente. La mayoría de ellas reciben su nombre de personajes de antiguas historias griegas y romanas, aunque otras culturas también tienen relatos sobre ellas. Los astrónomos utilizan las constelaciones como señales, para ayudarles a encontrar objetos en el cielo nocturno.

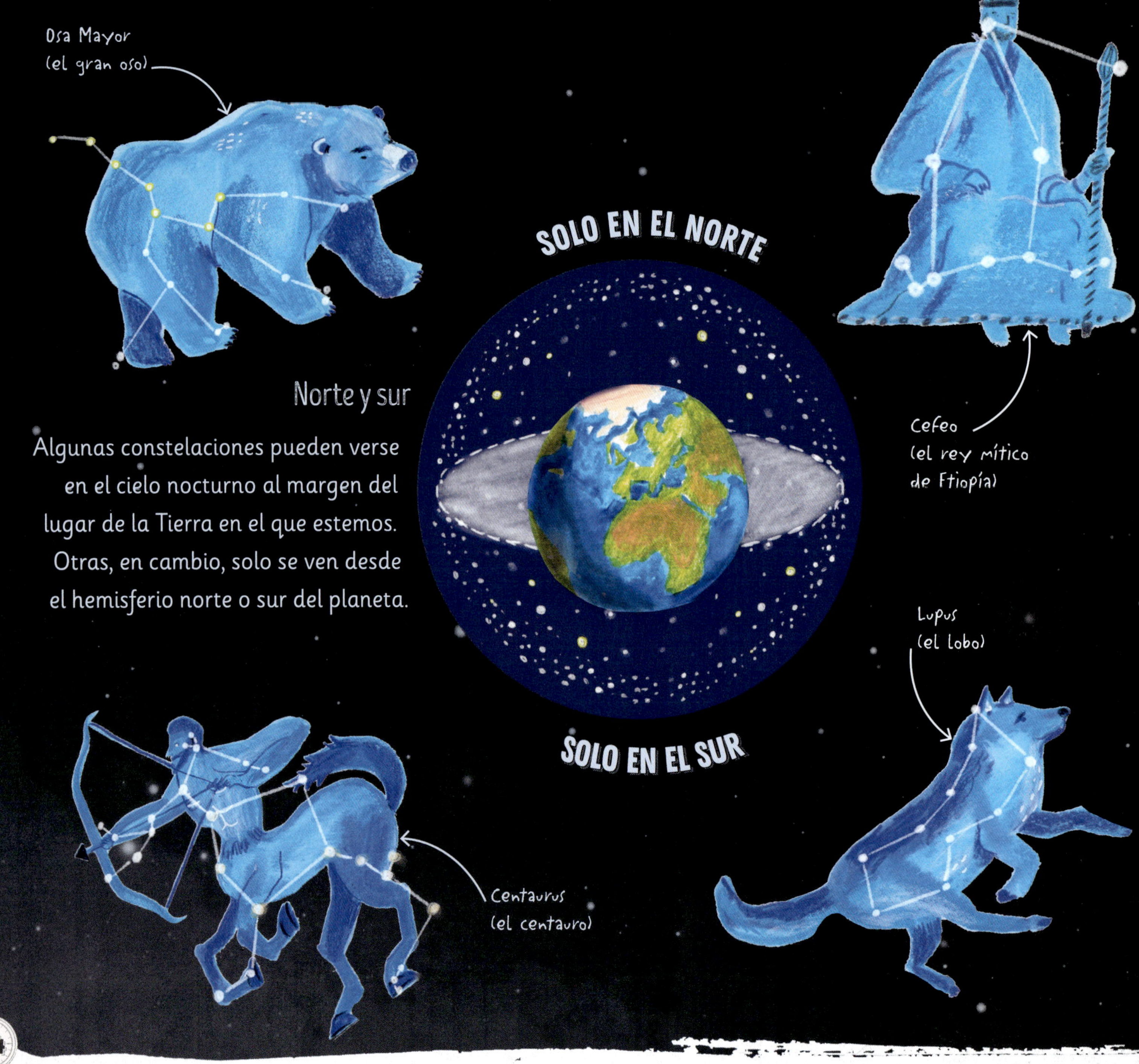

Norte y sur

Algunas constelaciones pueden verse en el cielo nocturno al margen del lugar de la Tierra en el que estemos. Otras, en cambio, solo se ven desde el hemisferio norte o sur del planeta.

Esta imagen se tomó a lo largo de muchas horas. Los trazos circulares muestran las estrellas moviéndose al girar la Tierra. La estrella del centro que no se mueve es la estrella polar.

Estrella polar

Como la Tierra gira, las estrellas parecen moverse por nuestro cielo nocturno. Excepto una, la estrella polar. Esta estrella se encuentra directamente sobre el polo norte, por lo que el giro de la Tierra no afecta al lugar donde la vemos. Como no se mueve, los antiguos exploradores la utilizaban para encontrar la dirección del norte.

Las constelaciones sirven para cartografiar el espacio. Los astrónomos imaginan una esfera celeste, una burbuja alrededor de la Tierra dividida en las 88 constelaciones. Las constelaciones pueden utilizarse para situar otros objetos en el espacio.

Orión es una constelación enorme que contiene muchos objetos.

La nebulosa de la Llama está en la «cadera» del cinturón de Orión.

Un meteoro crea una estela brillante al entrar en la atmósfera terrestre durante la lluvia de meteoros de las Perseidas.

Meteorito cayendo a la Tierra

METEOROS

Se calcula que cada año caen hacia la Tierra unos 25 millones de trozos de rocas y desechos espaciales. La mayoría de ellos no llegan a la superficie terrestre, sino que se queman en un impresionante espectáculo de luces al entrar en nuestra atmósfera. Estas estelas de rocas ardientes se denominan meteoros.

Esta imagen combinada muestra la lluvia de meteoros de las Gemínidas, que tiene lugar todos los años en diciembre.

CURSO DE COLISIÓN

A menudo pensamos que el espacio está vacío, pero tiene mucha materia, como polvo y rocas. A medida que nuestro planeta orbita alrededor del Sol, puede acabar colisionando con parte de este material. Si el polvo y las rocas chocan con nuestra atmósfera, se calientan y brillan, creando meteoros.

Lluvias

Los meteoritos pueden proceder de cualquier roca o escombro del espacio. Sin embargo, muchos de ellos proceden de las estelas de los cometas. Al viajar por el sistema solar, los cometas dejan tras de sí nubes de roca. Si estas nubes cruzan la órbita de la Tierra, crean una lluvia de meteoritos cada vez que la Tierra pasa por su estela. Por eso todos los años se producen lluvias de meteoros, pero también hay meteoros aleatorios en otras ocasiones.

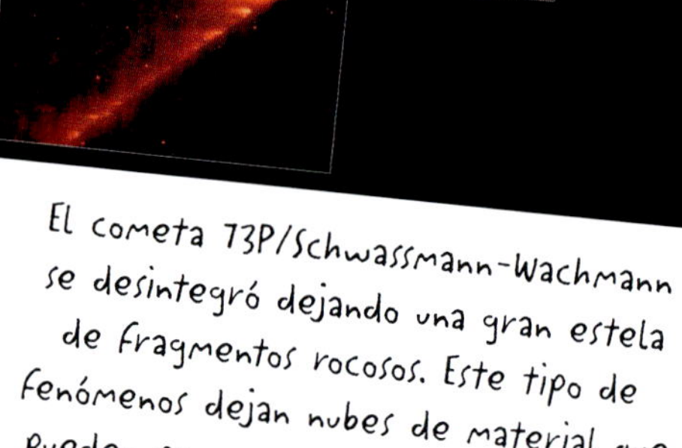

El cometa 73P/Schwassmann-Wachmann se desintegró dejando una gran estela de fragmentos rocosos. Este tipo de fenómenos dejan nubes de material que pueden provocar lluvias de meteoritos.

Dar nombre a las rocas

Las rocas del espacio se denominan según el lugar en el que se encuentren. Mientras están en el espacio, antes de llegar a nuestra atmósfera, las llamamos meteoroides. Los meteoros son rocas que están en la atmósfera terrestre. Si los meteoros llegan al suelo, los llamamos meteoritos.

ESPACIO

Meteoroide

ATMÓSFERA

Meteoro

TIERRA

Meteorito

Los meteoritos pueden dividirse en tres tipos principales, en función de la cantidad de hierro y níquel que contengan.

Meteorito pétreo

Los meteoritos pétreos se llaman condritas. Son los más comunes y están formados por fragmentos diminutos aplastados entre sí.

Meteorito de hierro

Los meteoritos de hierro contienen níquel y hierro. Son alrededor del 5 % de todos los meteoritos y tienen aspecto metálico.

Meteorito de pallasita

Los meteoritos más raros son los llamados pallasitas. En ellos, los cristales rocosos se mezclan con el metal, creando patrones asombrosos.

La corteza de fusión alisada está un poco desconchada y se ve la superficie más rugosa que hay debajo.

Identificar meteoritos

Averiguar si una roca puede proceder del espacio es una tarea complicada, y a menudo hay que confirmarlo en un laboratorio. Una buena pista puede ser si tiene una superficie lisa, llamada corteza de fusión. Esta se forma cuando la atmósfera terrestre calienta las rocas. Muchos meteoritos también son magnéticos.

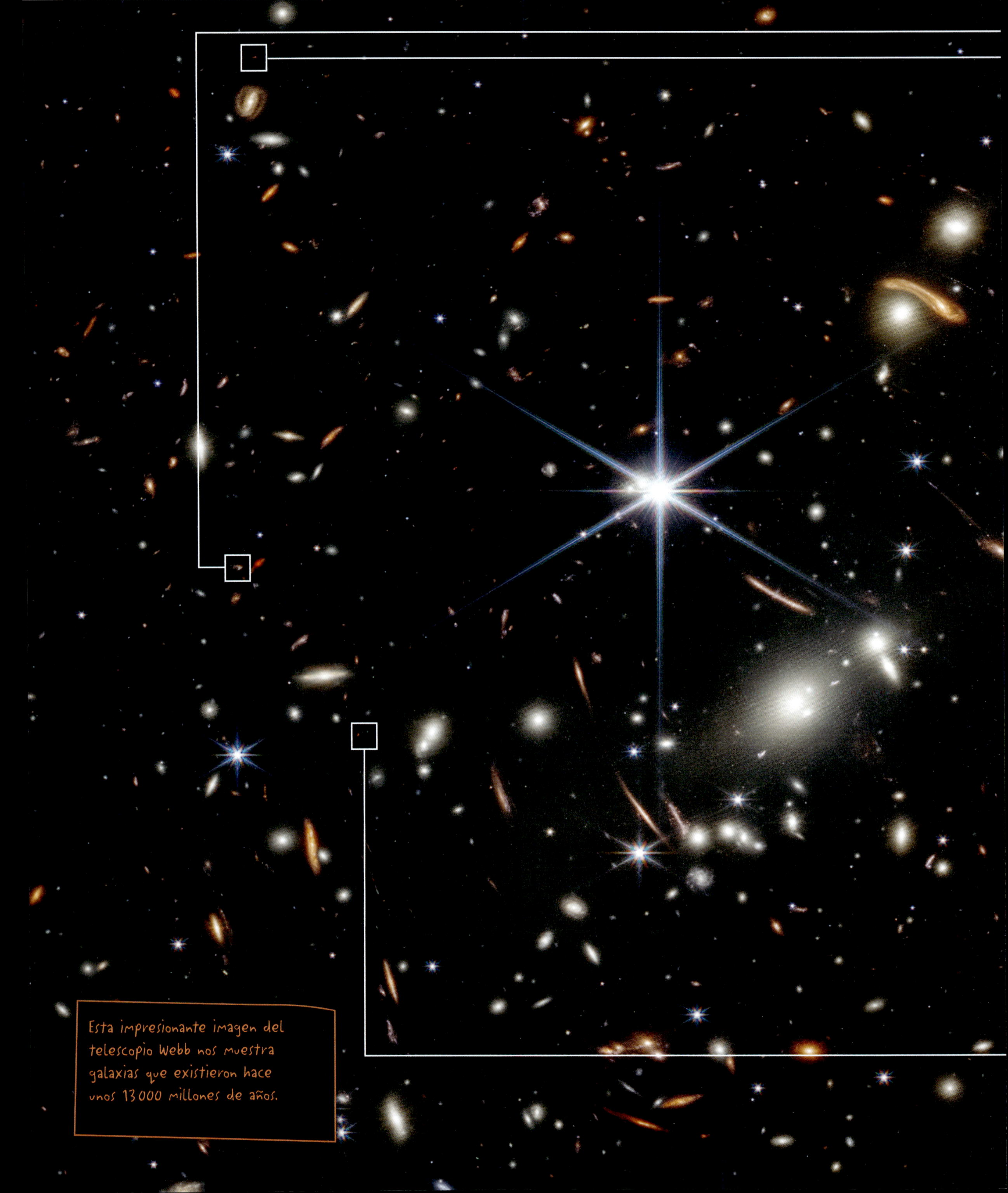

Esta impresionante imagen del telescopio Webb nos muestra galaxias que existieron hace unos 13 000 millones de años.

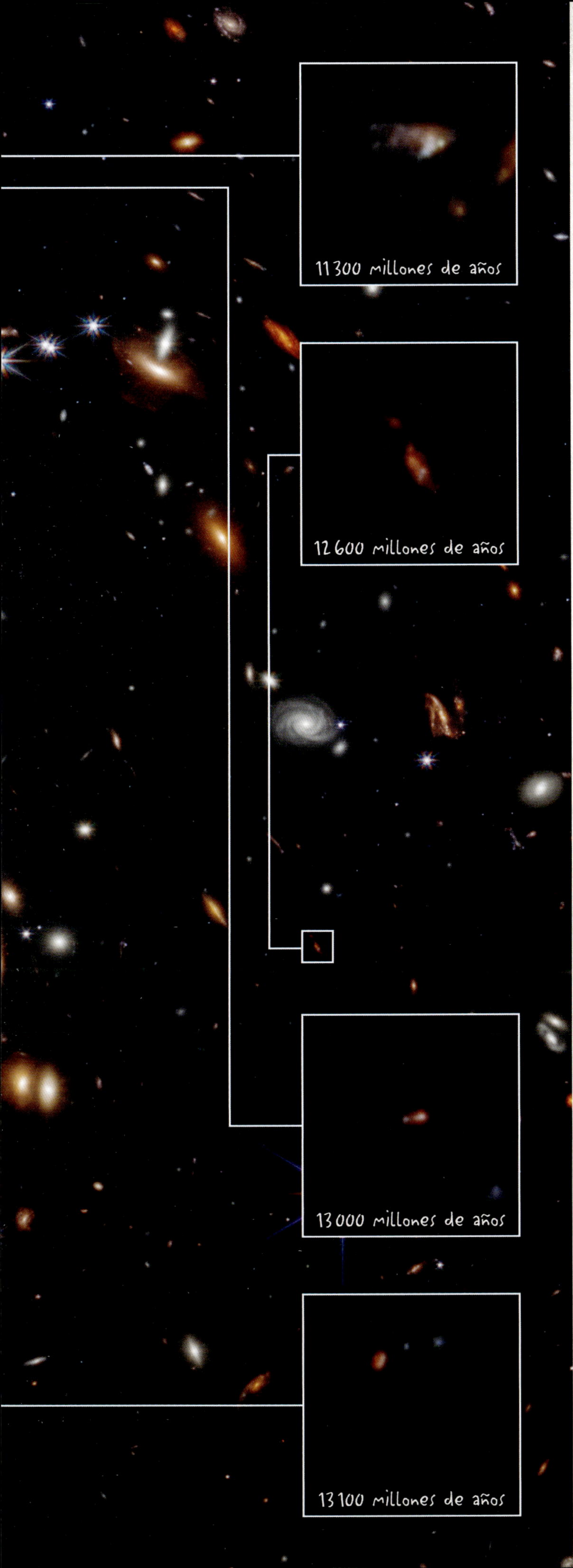

11 300 millones de años
12 600 millones de años
13 000 millones de años
13 100 millones de años

El telescopio espacial James Webb en el espacio.

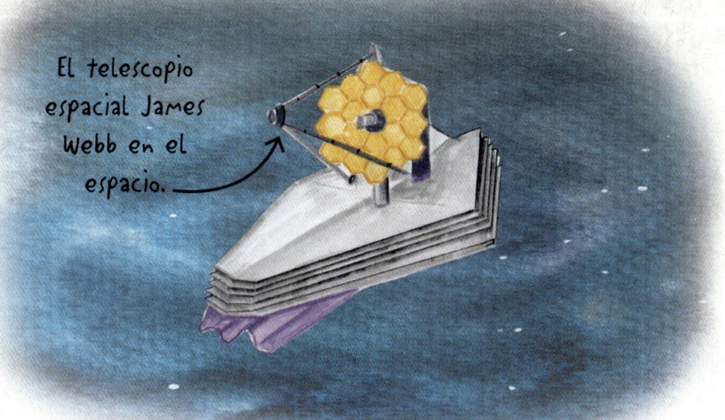

MIRAR AL PASADO

Mirar al espacio nos ayuda a ver y comprender el universo que nos rodea. El espacio es tan grande que estudiar la luz de nuestro universo nos permite asomarnos a lo más profundo de su historia. Esto se debe a que la luz tarda en viajar hasta nosotros. Muchas de las cosas que podemos ver ahora aparecen como eran hace mucho tiempo, cuando la luz las dejó.

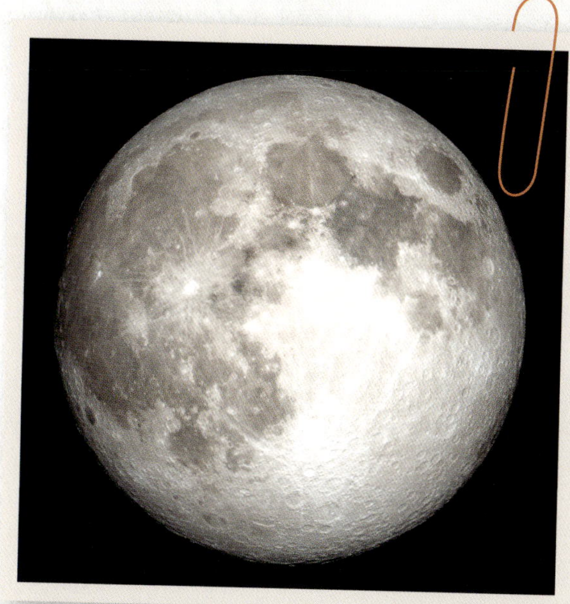

Cuando miramos la Luna, en realidad vemos cómo era hace aproximadamente un segundo.

UN GRAN VIAJE

El espacio es enorme. Las distancias entre los objetos pueden ser de millones de kilómetros. Recorrer estas enormes distancias puede llevar años, incluso si se viaja increíblemente rápido. Lo que más rápido se mueve en el universo es la luz, que viaja a 300 000 km/s. Pero ni siquiera la luz de nuestro sistema solar nos llega de inmediato.

Sol

8 min

35 min

Mercurio

Venus

Tierra

Marte

Si el Sol dejara de brillar, no lo notaríamos hasta pasados ocho minutos.

Imagen con retraso

Por el increíble tamaño del universo, cada vez que miramos algo en el espacio, lo que ven nuestros ojos es la luz que salió de ese objeto hace mucho tiempo. Por ejemplo, la luz solar que nos ilumina ahora salió del Sol hace ocho minutos.

Imagínate que el universo es un globo. Al inflarse, los objetos se alejan.

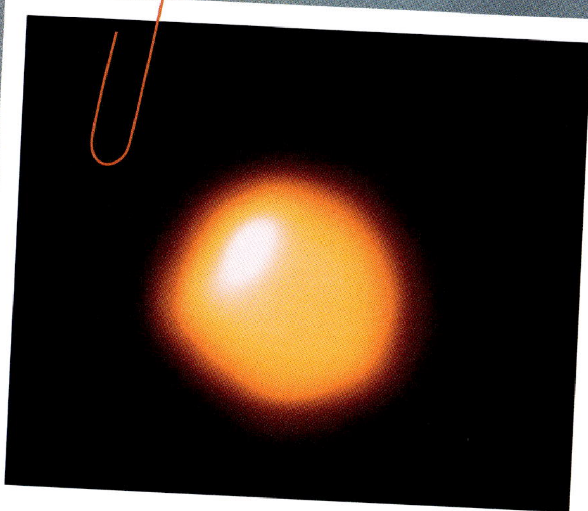

Betelgeuse es una estrella que probablemente explotará pronto. Como está a 642 años luz de distancia, puede que esto ya haya ocurrido y estemos a la espera de que nos llegue la luz.

Años luz

Cuando empezamos a observar objetos fuera del sistema solar, el retraso aumenta rápidamente. La segunda estrella más cercana a la Tierra, Próxima Centauri, está a 4,2 años luz. Esto significa que la luz de Próxima Centauri tarda algo más de cuatro años terrestres en llegar hasta nosotros. Un año luz equivale a 9,5 billones de kilómetros.

Corrimiento al rojo

La luz tarda mucho tiempo en viajar por el espacio y se ve modificada durante este viaje. El universo se expande y esto significa que, a medida que la luz avanza por el espacio, las ondas que la componen se estiran. Al alargarse las ondas, gran parte de la luz parece más roja de lo normal. Es lo que se denomina corrimiento al rojo.

Igual que la superficie de un globo se estira al inflarse, las ondas luminosas se estiran al expandirse el universo.

El telescopio espacial James Webb en el espacio.

Imagen infrarroja de parte de la nebulosa del Águila, conocida como los Pilares de la Creación. Fue tomada por el telescopio espacial James Webb.

DISTINTAS LUCES

Cuando miramos un arcoíris, vemos la luz blanca dividida en los distintos colores que la componen. Del mismo modo que hay unos colores de luz que podemos ver, hay otros que no son visibles. Estos diferentes tipos de luz nos muestran muchas cosas sobre el espacio.

Esta imagen también muestra los Pilares de la Creación, pero fue tomada por el telescopio espacial Hubble utilizando luz visible.

«VER» LA LUZ

No podemos ver los distintos tipos de luz, pero podemos sentirlos. Sentimos los infrarrojos como calor y podemos quemarnos con la luz ultravioleta de alta energía. Construir telescopios capaces de detectar otros tipos de luz nos permite crear nuevas imágenes de los objetos, que nos dicen más cosas sobre ellos.

El espectro

La gama de los distintos tipos de luz se denomina espectro electromagnético. Al igual que un arcoíris es un espectro de luz visible, el espectro electromagnético se divide en distintos tipos de luz. Cuanto más corta es la longitud de onda, mayor es la energía.

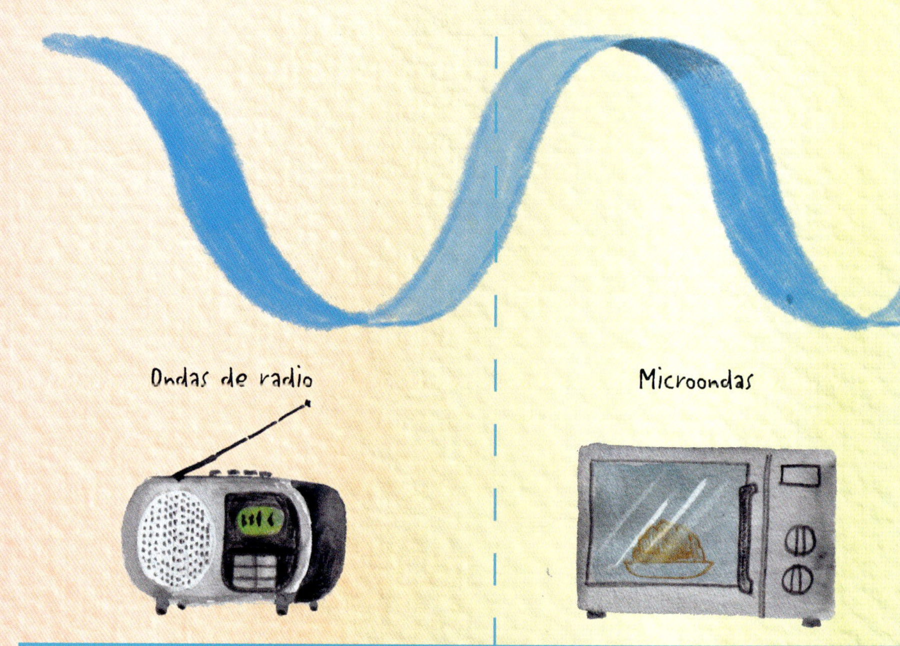

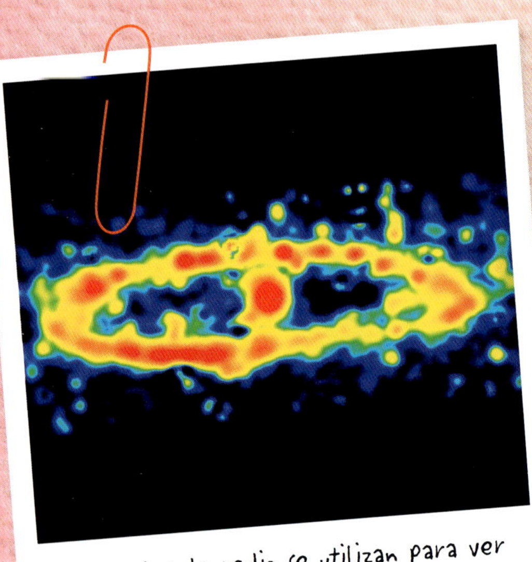

Las ondas de radio se utilizan para ver la estructura de los objetos, ya que no se ven afectadas por las nubes.

Estas microondas son brillantes: son el resplandor del Big Bang. Objetos como los púlsares también emiten microondas.

Las ondas infrarrojas pueden atravesar todas las regiones de polvo del espacio, excepto las más densas.

Esto es lo que vemos a simple vista.

Los rayos X son de alta energía y se utilizan para fotografiar huesos.

Los rayos gamma son las ondas con una mayor energía. Los producen los objetos más calientes del universo.

Infrarrojos

Luz visible

Ultravioleta

Rayos X

Rayos gamma

La galaxia de Andrómeda bajo distintas luces

Andrómeda es nuestra galaxia vecina más cercana. Su cercanía hace de ella un objetivo ideal para el estudio. Estas imágenes muestran Andrómeda en toda la gama de distintos tipos de luz.

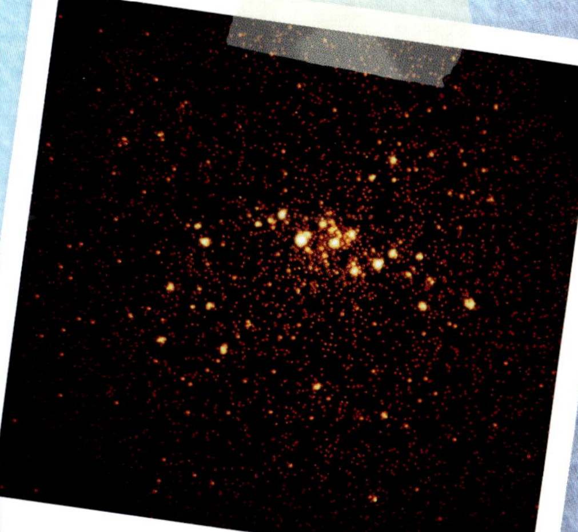

Los rayos X (imagen) y los rayos gamma proceden de los objetos más calientes, y se utilizan para captar imágenes de estrellas en explosión.

Esto es lo que veríamos a simple vista, pero estas imágenes pasan por alto algunos detalles importantes.

La luz ultravioleta puede mostrar algunos acontecimientos asombrosos en el espacio.

Ultravioleta significa «más allá del violeta», pues está más allá del violeta visible en el espectro electromagnético.

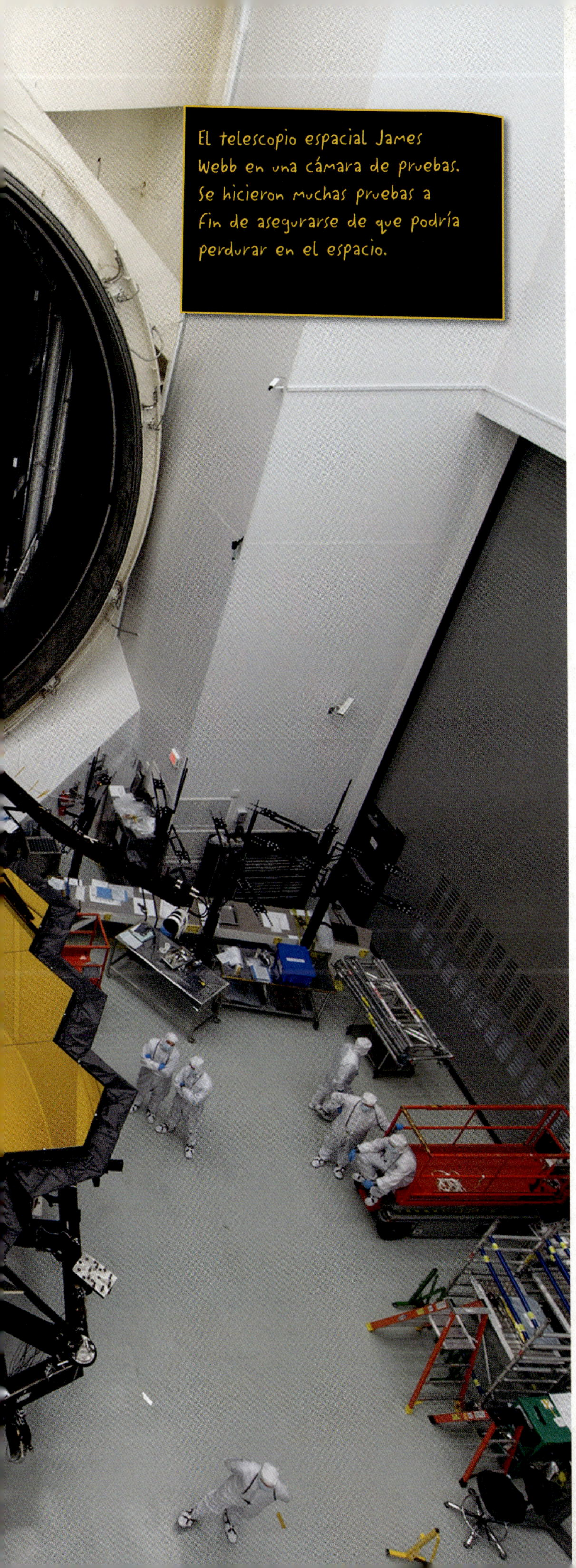

El telescopio espacial James Webb en una cámara de pruebas. Se hicieron muchas pruebas a fin de asegurarse de que podría perdurar en el espacio.

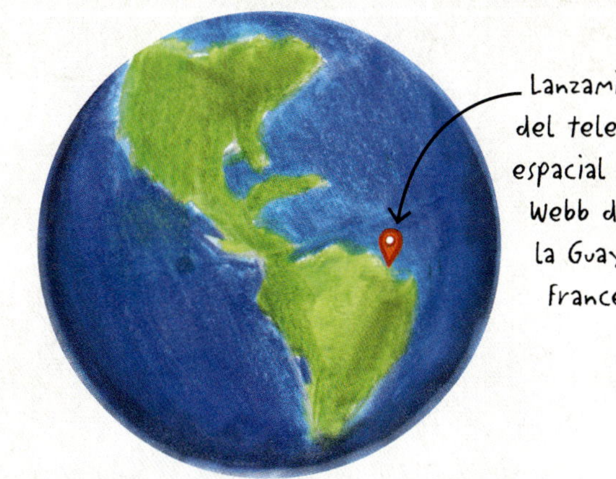

Lanzamiento del telescopio espacial James Webb desde la Guayana Francesa.

TELESCOPIO ESPACIAL JAMES WEBB

Es el mayor y más complejo de todos. Su diseño, construcción y lanzamiento requirieron más de 30 años de planificación y el trabajo de miles de personas de todo el mundo. Ya está en el espacio, enviando imágenes asombrosas que nos ayudan a desvelar los misterios del universo.

Miembros del equipo del telescopio Webb de la NASA, ante una maqueta del telescopio.

LAS MEJORES VISTAS

Así se veía el telescopio tras el lanzamiento, pero antes de desplegarse.

El telescopio Webb se diseñó para ofrecernos una de las vistas más profundas del universo que jamás hayamos tenido. El enorme espejo del telescopio le permite tomar imágenes increíblemente detalladas. Esto da a los científicos toda la información posible y les ayuda a descifrar lo que ven y su significado.

El despliegue

Para darnos una visión detallada, el telescopio Webb tenía que ser grande. A tamaño completo no cabía en un cohete y hubo que plegarlo. Una vez lanzado, tardó un mes en desplegarse y ponerse a punto para funcionar. Había que seguir más de 300 pasos, y el telescopio habría fallado si no se hubiera completado alguno de ellos.

El telescopio se plegó y llenó de combustible antes de acoplarlo a un cohete para el lanzamiento.

Cómo se desplegó el telescopio

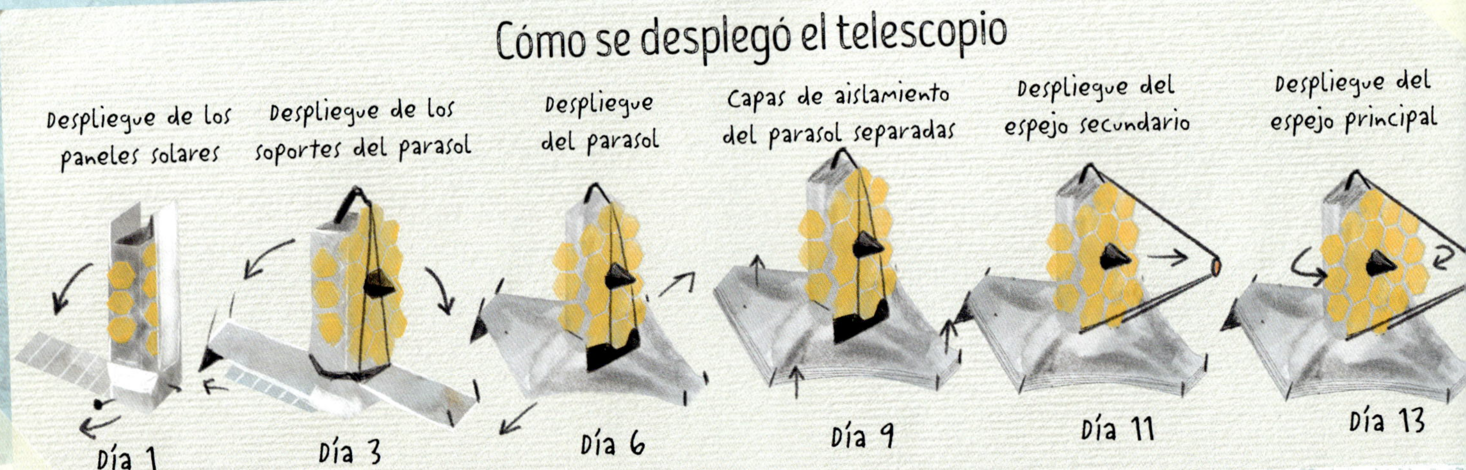

Esta es una imagen tomada por el telescopio Hubble, utilizando luz visible. Muestra NGC 346, un joven cúmulo de estrellas.

Esta es la misma vista, tomada por el telescopio Webb, utilizando infrarrojos. Podemos saber más estudiando las diferencias.

Diferentes perspectivas

El gigantesco espejo dorado del telescopio Webb recoge un tipo de luz llamada infrarroja, lo que significa que actúa en parte como una cámara de visión térmica. El infrarrojo es útil porque permite atravesar las nubes de polvo, que bloquearían la luz visible. Así, el uso del infrarrojo nos permite ver las cosas de nuevas maneras.

MIRI puede ver con claridad a través de las nubes de polvo, lo que nos permite obtener nuevas vistas de las galaxias, como esta de NGC 1433.

Distintas cámaras

El telescopio Webb tiene cuatro cámaras principales. Cada una de ellas puede hacer distintas tareas. El Instrumento del Infrarrojo Medio (MIRI) observa tipos de luz que son difíciles de ver desde el suelo. Está diseñado para enfocar la luz que las otras cámaras del telescopio no pueden ver.

PRIMEROS PLANOS

El telescopio Webb también puede observar objetos cercanos. En su primer año de funcionamiento tomó imágenes de objetos de nuestro propio sistema solar.

Las nubes calientes de Júpiter brillan con intensidad en esta imagen. Su luna, Europa, es sorprendentemente brillante cuando se observa en infrarrojo.

Saturno se ve bastante apagado en el infrarrojo: las nubes de su superficie impiden que se escape el calor, pero sus anillos destacan claramente.

Webb logró incluso tomar esta fotografía de un cometa. Los instrumentos a bordo detectaron agua saliendo del cometa.

La nebulosa de Orión es una enorme nube de gas y polvo que está formando miles de nuevas estrellas.

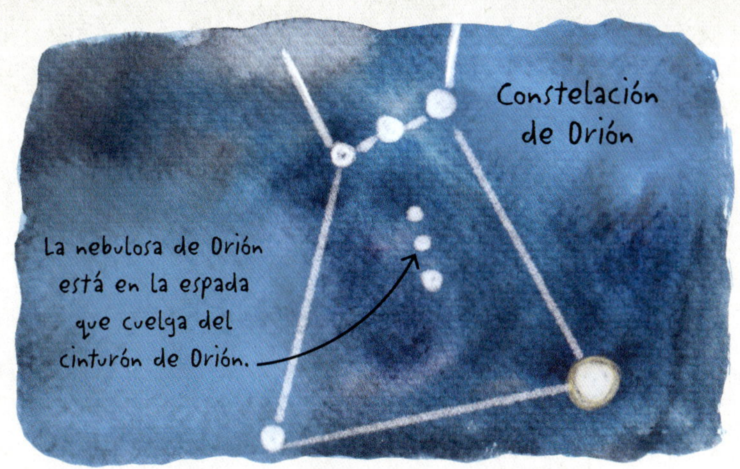

NACE UNA ESTRELLA

En el universo hay millones de estrellas. Estas enormes bolas de gas en fusión irradian luz y calor hacia el espacio que las rodea, pero ¿de dónde proceden? Estos asombrosos objetos comienzan en gigantescas nubes de gas y polvo llamadas nebulosas.

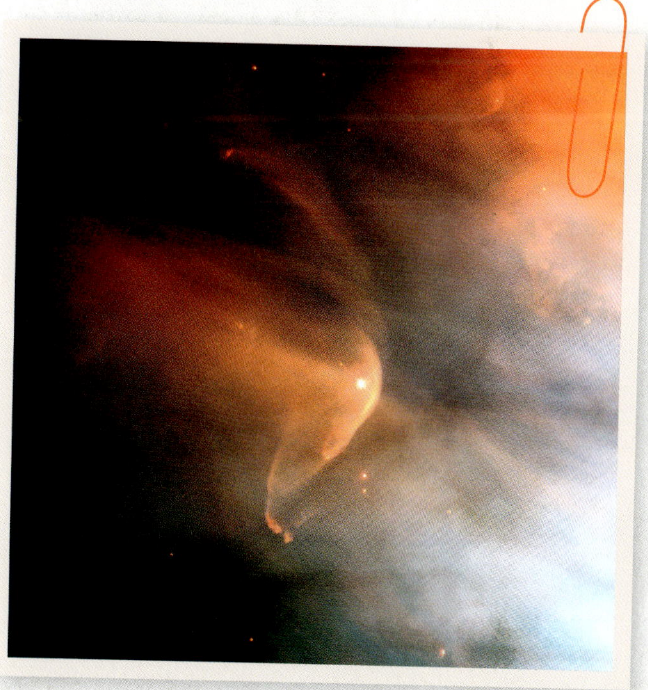

Al formarse una nueva estrella en una nebulosa, empuja contra el material que se arremolina a su alrededor. Esto crea un efecto llamado arco de choque.

La nebulosa Carina es un buen ejemplo de nebulosa antigua de formación estelar. Al formarse nuevas estrellas, han ido creando una enorme nube de gas y polvo, dejando algunas formas interesantes.

FUSIÓN INICIAL

Al inicio del universo, el principal elemento que había en él era el hidrógeno. Nubes gigantes de gas se juntaron lentamente por la fuerza de la gravedad. Una vez que una cantidad suficiente de gas es atraída hacia un espacio lo bastante pequeño, comienza una reacción de fusión y nace una estrella.

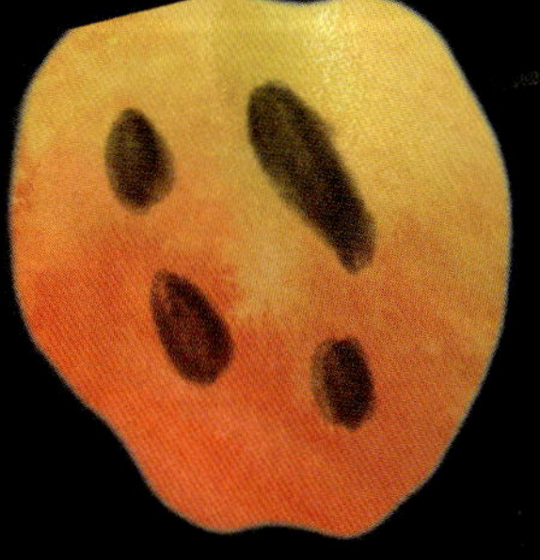

Paso 1

Los grumos de gas aumentan de tamaño, lo que hace que su centro se caliente. Esto ocurre porque el material se aplasta entre sí.

Paso 2

Al acumularse más material, aumentan la presión y el calor. La gravedad también aumenta, por lo que se atrae aún más material. Este también empieza a girar.

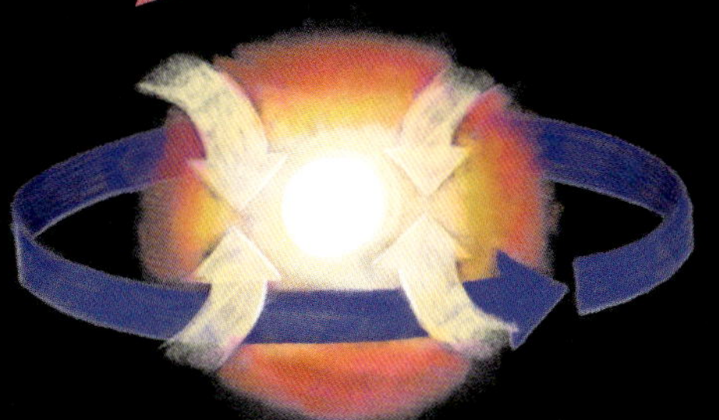

Paso 3

Al final, la temperatura es lo suficientemente alta como para forzar la unión de los átomos de hidrógeno en una reacción de fusión. Esto produce mucho calor y energía lumínica

Cómo se forman las estrellas

Para formar estrellas solo se necesita gas, tiempo y gravedad. La gravedad es una fuerza que hace que toda la materia se sienta atraída por otra materia. El hidrógeno gaseoso del universo primitivo no se formó de manera uniforme: había zonas grumosas con más material. Más material significa más gravedad, así que estos grumos atrajeron lentamente más gas hacia ellos, haciendo los grumos aún más grandes.

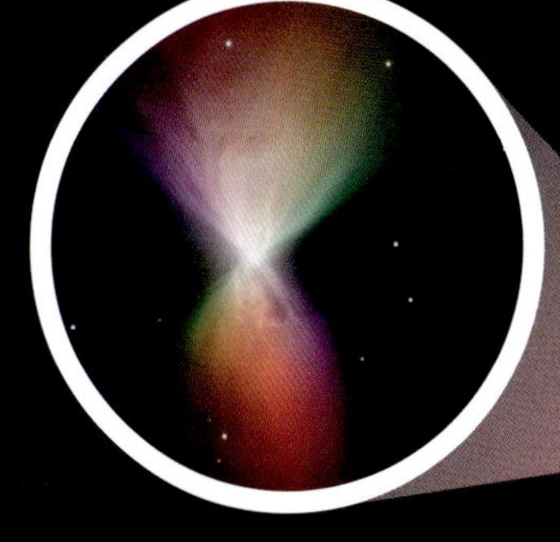

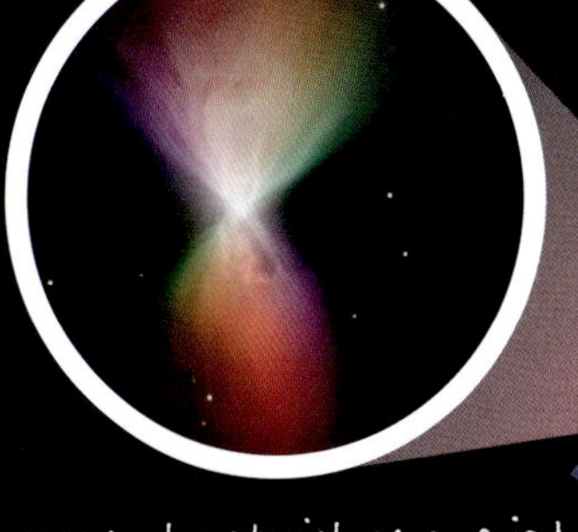

A veces, el material es empujado hacia los polos de la nueva estrella, lo que crea patrones sorprendentes, llamados flujos bipolares. La nebulosa Boomerang (arriba) es un buen ejemplo.

Paso 4

Al liberarse esta energía, la estrella comienza a brillar y expulsa la mayor parte del material sobrante.

Esta imagen de un disco protoplanetario muestra bandas que empiezan a formarse alrededor de una nueva estrella. Probablemente se convertirán en planetas.

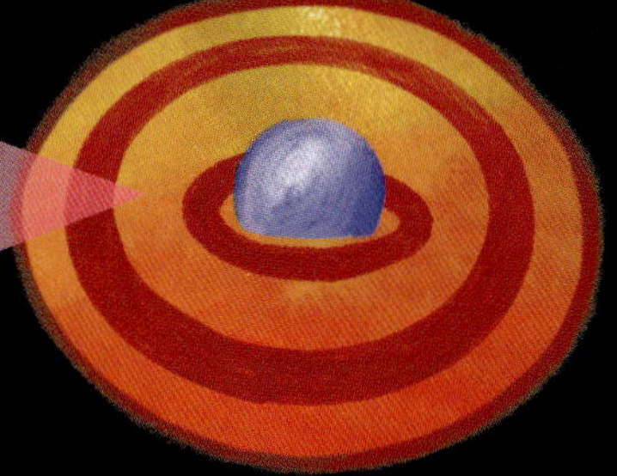

Paso 5

A veces, parte del material permanece en un disco alrededor de la estrella. Es lo que se denomina disco protoplanetario. Puede llegar a formar planetas, como los de nuestro sistema solar.

DI Chamaeleontis es un sistema de cuatro estrellas. Esta imagen del telescopio espacial Hubble muestra dos de estas estrellas, con una nube de polvo que se arremolina a su alrededor.

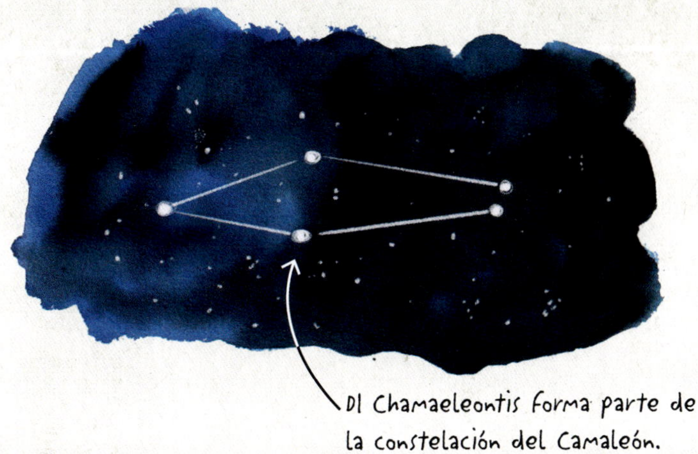

DI Chamaeleontis forma parte de la constelación del Camaleón.

SISTEMAS ESTELARES MÚLTIPLES

Si pensamos en sistemas estelares, pensamos en planetas que orbitan alrededor de una estrella central, igual que nosotros orbitamos alrededor del Sol. Sin embargo, la realidad puede ser muy distinta. Al explorar el espacio, se ha descubierto que muchos sistemas estelares contienen más de una estrella. ¡Se han visto hasta nueve estrellas compartiendo un sistema solar!

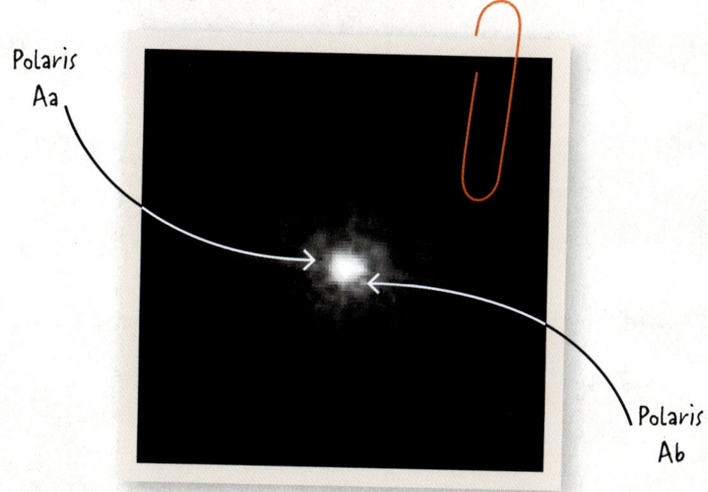

Polaris, la estrella polar, es un sistema estelar doble. Podemos ver su pequeña compañera en esta imagen del Hubble.

PARIENTES SOLARES

Las estrellas suelen formarse en grupos, en nubes gigantes de gas y polvo llamadas nebulosas. Recientemente hemos descubierto que las estrellas no solo se forman en grupos, sino que a menudo lo hacen muy cerca unas de otras, en sistemas estelares múltiples. Estos pueden tener dos, tres o más estrellas orbitando una alrededor de la otra, formando complejos sistemas solares.

Dobles ópticas

Las primeras estrellas que se pensó que formaban parte de sistemas múltiples fueron las «dobles ópticas». Estas estrellas parecían estar juntas debido al ángulo desde el que las veíamos desde la Tierra, pero en realidad no estaban unidas. Buenos ejemplos son Alcor y Mizar, en la constelación de la Osa Mayor. Estas dos estrellas parecen estar muy juntas, pero se encuentran en dos sistemas estelares distintos.

OSA MAYOR

Cástor

Cuanto más investigamos las estrellas, más complejos son los sistemas que encontramos. Cástor está en la constelación de Géminis y forma parte de un sistema de seis estrellas. Consta de tres pares de estrellas que mantienen una compleja danza orbital unas alrededor de otras.

ALCOR Y MIZAR

Estrellas inesperadas

Los astrónomos que estudiaban Alcor y Mizar a través de un telescopio descubrieron que Mizar parecía ser más de una estrella. Investigaciones posteriores demostraron que Mizar en realidad eran cuatro estrellas, dos pares de estrellas que se orbitan mutuamente a lo largo de miles de años. Así que, después de todo, Mizar es un sistema estelar múltiple.

El sistema más complejo encontrado hasta ahora es QZ Carinae, con nueve estrellas masivas en un único sistema.

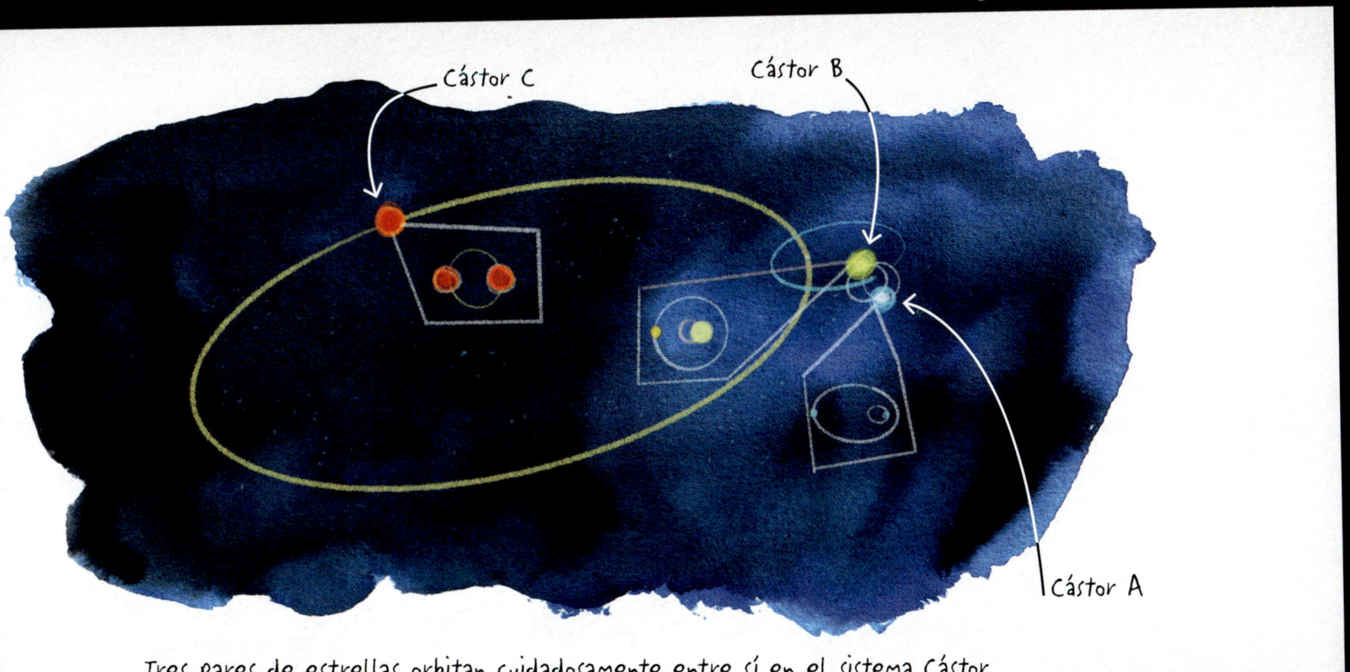

Tres pares de estrellas orbitan cuidadosamente entre sí en el sistema Cástor.

Esta imagen muestra la nebulosa Ojo de Gato. Se puede ver dónde ha explotado la atmósfera de la estrella.

La nebulosa Ojo de Gato está en la constelación de Draco.

MUERE UNA ESTRELLA

Lo que le ocurre a una estrella al final de su vida depende de su masa y tamaño, pero todas las posibilidades son espectaculares. Así, por ejemplo, una estrella del tamaño de nuestro Sol se expande, se encoge y expulsa material al espacio, dejando tras de sí una hermosa nube llamada nebulosa.

Esta imagen muestra la región central de la nebulosa Ojo de Gato. Se pueden ver los pequeños restos blancos de la estrella en el centro, con bellos patrones de plasma (gas supercaliente) a su alrededor.

DESEQUILIBRIO

Una estrella libra una batalla constante entre la gravedad, que intenta atraerla, y la fuerza procedente de la energía producida por ella misma (presión de radiación), que la empuja hacia fuera. A medida que la estrella agota su combustible de hidrógeno, se producen varios acontecimientos que conducen a su destino final: convertirse en una pequeña estrella blanca caliente: una enana blanca.

ESTRELLA DE TAMAÑO MEDIO

Cuando la estrella se queda sin combustible, se calienta y se expande.

GIGANTE ROJA

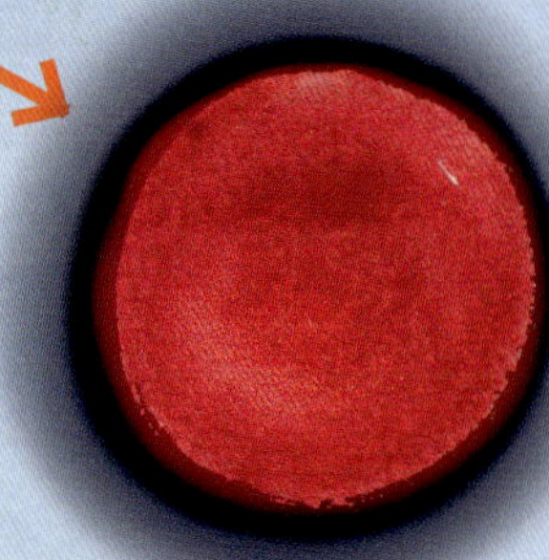

La gigante roja colapsa sobre sí misma.

GIGANTE ROJA COLAPSADA

La gigante roja se enfría y se convierte en una nebulosa planetaria.

NEBULOSA PLANETARIA

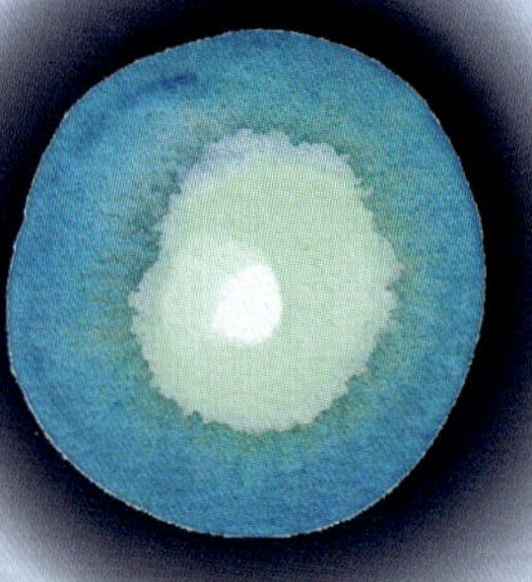

El núcleo de la estrella se enfría y se convierte en una enana blanca.

ENANA BLANCA

El proceso dura miles de millones de años.

Hacerse gigante

Cuando la estrella está a punto de quedarse sin combustible, la presión hacia el exterior disminuye y la gravedad la atrae hacia sí. Entonces, la estrella se calienta mucho y puede utilizar el combustible que le queda. Crece rápidamente y se enfría, convertida en una gigante roja.

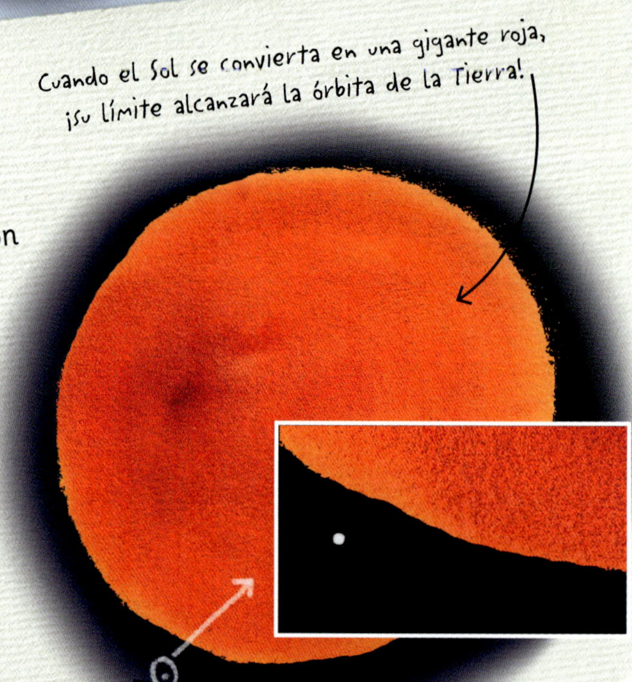

Cuando el Sol se convierta en una gigante roja, ¡su límite alcanzará la órbita de la Tierra!

Este punto blanco es el tamaño actual del Sol.

Gran explosión

Convertirse en una gigante roja es el último aliento de una estrella. Al final agota todo su combustible y vuelve a colapsar. Esto provoca una onda de choque y la estrella expulsa al espacio la mayor parte de sus gases, formando una gigantesca nube de gas caliente llamada nebulosa planetaria.

Esta imagen del telescopio Hubble de la nebulosa de Mariposa muestra cómo las capas de la atmósfera de esta estrella se han expulsado al espacio.

Estrella enana blanca

En el centro de la nebulosa están los restos de la estrella, su núcleo. Este es muy pequeño y caliente, por lo que brilla de color blanco, como una enana blanca. Durante mucho tiempo, esta estrella se enfriará y acabará apagándose.

Este es el tamaño actual del Sol, comparado con lo que llegará a ser (derecha).

Esto es lo que le ocurrirá a nuestra propia estrella, el Sol. Pero no te preocupes, esto no será hasta dentro de 4500 millones de años (¡más tiempo del que ha existido la Tierra hasta ahora!).

Esta imagen de parte de la constelación de Casiopea muestra un remanente de supernova: una estructura creada por la explosión de una estrella.

Recreación artística de una supernova.

SUPERNOVAS

Las estrellas supermasivas son mucho mayores que nuestro Sol. Arden rápidamente y mueren jóvenes. Cuando una estrella supermasiva llega al final de su vida, se extingue en una enorme explosión llamada supernova. Las supernovas son los acontecimientos más brillantes de nuestro universo.

El observatorio espacial Swift de la NASA busca constantemente supernovas para observarlas.

EXPLOSIONES ASOMBROSAS

Cuando una estrella gigante llega al final de su vida, la colosal fuerza de gravedad que tira de ella desencadena una gigantesca onda expansiva, llamada supernova.

Primeras observaciones

El primer registro de una supernova fue realizado por astrónomos chinos en el año 185 de nuestra era. En 1604, el astrónomo Johannes Kepler observó una nueva estrella brillante en la constelación de Ofiuco que en realidad era una supernova. Los telescopios aún pueden ver los restos de esta supernova.

La supernova de Kepler se veía como una estrella brillante de corta duración. La anotó en su mapa de constelaciones con la letra N.

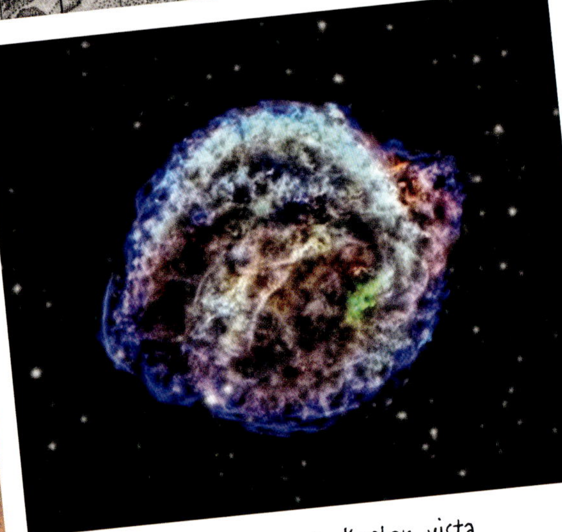

La supernova de Kepler, vista con los telescopios actuales.

SUPERNOVAS DESTACADAS

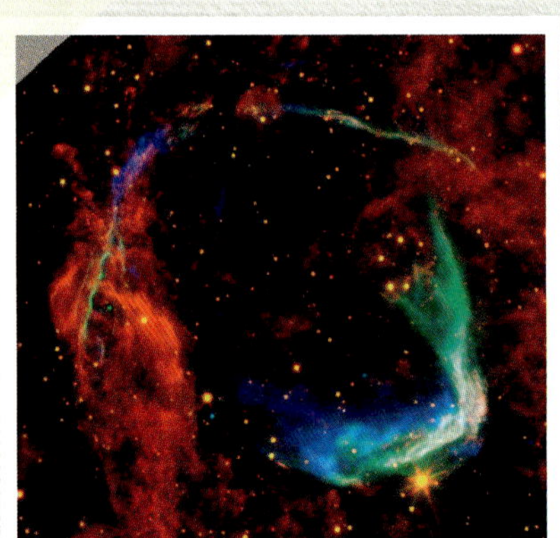

La primera

SN 185 fue la primera supernova de la que se tiene constancia, avistada por astrónomos chinos en el año 185 de nuestra era. En la actualidad, solo queda el resto de la supernova, RCW 86 (izquierda).

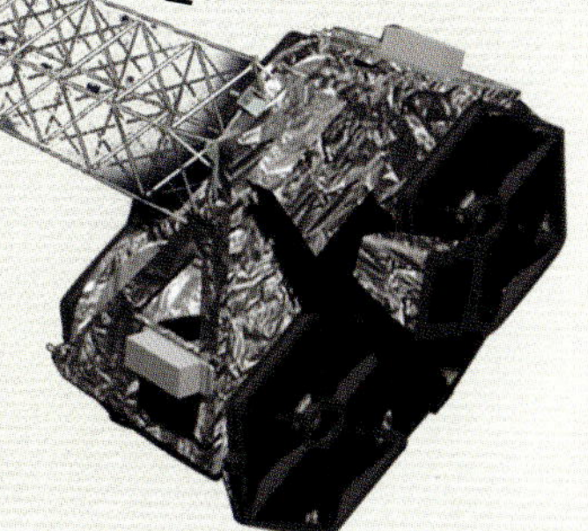

El telescopio NuSTAR de la NASA ofrece a los científicos nueva información sobre lo que ocurre durante una supernova.

A la caza de supernovas

Las supernovas emiten enormes cantidades de energía, como rayos X y rayos gamma. Los científicos escudriñan el cielo con telescopios en busca de estas gigantescas explosiones. Cuando se observa el comienzo de una explosión, se ordena a otros telescopios que la observen, para recoger la mayor cantidad de información posible.

La más cercana

También una de las más brillantes jamás vistas, SN 1054 fue documentada en el siglo XIII. Hoy, la nebulosa del Cangrejo (derecha) permanece en su lugar.

La más joven

SN 2023ixf es una de las supernovas más jóvenes que conocemos. Se detectó en la galaxia del Molinete en 2023 como un punto blanco brillante en uno de sus brazos.

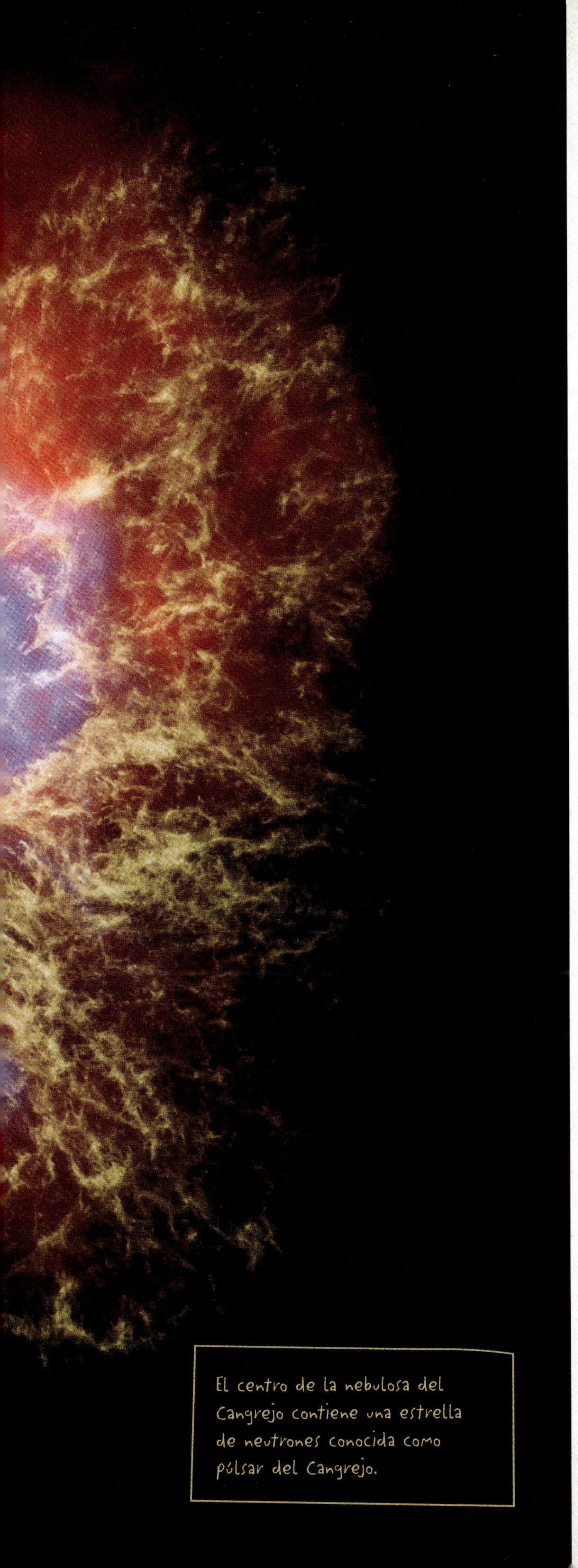

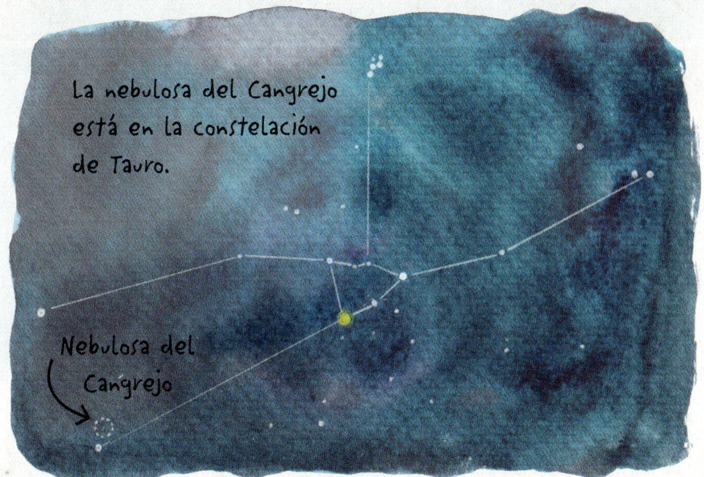

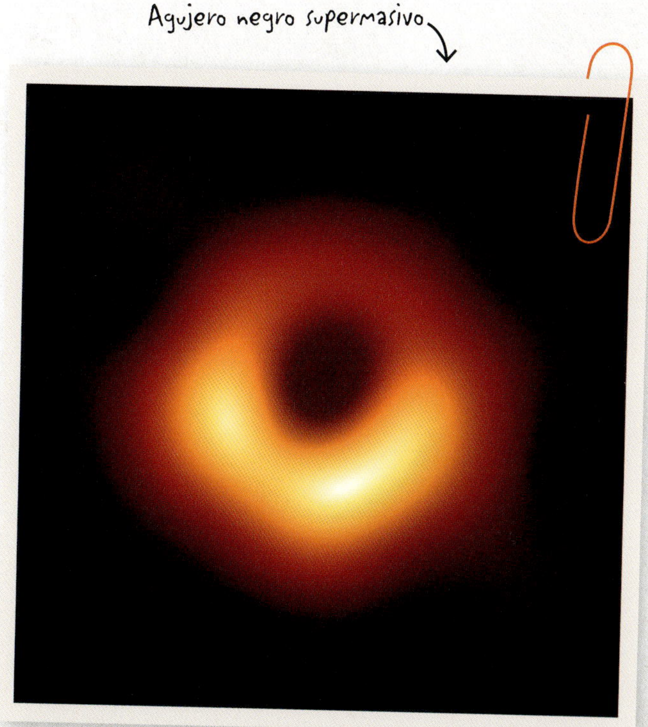

El centro de la nebulosa del Cangrejo contiene una estrella de neutrones conocida como púlsar del Cangrejo.

La nebulosa del Cangrejo está en la constelación de Tauro.
Nebulosa del Cangrejo

ESTRELLAS DE NEUTRONES Y AGUJEROS NEGROS

Cuando las estrellas más grandes se quedan sin combustible, el resultado es explosivo. Estas colosales supernovas son tan potentes que ponen a prueba las leyes de la física. Los objetos que aparecen tras una supernova son quizá aún más asombrosos y únicos.

Agujero negro supermasivo

FANTASMAS DE ESTRELLAS GIGANTES

Las supernovas son explosiones gigantescas que arrasan la capa exterior de la estrella, mientras que la materia restante colapsa sobre sí misma. Este núcleo restante puede formar bellos objetos llamados estrellas de neutrones. Sin embargo, las estrellas más grandes dejan tras de sí los objetos más extraños y misteriosos del universo: los agujeros negros.

Las estrellas muy masivas acaban por quedarse sin combustible.

Esto hace que las capas exteriores de las estrellas exploten, dejando un núcleo tras de sí.

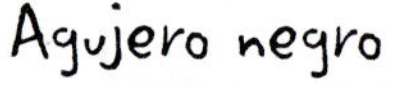

Si el núcleo es más de 3 veces más masivo que el Sol, colapsa formando un agujero negro.

Estrella de neutrones

Si el núcleo tiene entre 1,5 y 3 veces el tamaño del Sol, se convierte en una estrella de neutrones.

Estrellas de neutrones

Pese a ser pequeñas, las estrellas de neutrones contienen mucho material. Para convertir la Tierra en un objeto similar, habría que aplastar todo el planeta hasta reducirlo al tamaño de una pista de tenis. Las estrellas de neutrones giran a una velocidad increíble, algunas miles de veces por minuto.

Esta imagen muestra el púlsar del Cangrejo. Un púlsar es una estrella de neutrones que gira rápidamente. Las ondulaciones irisadas se deben a su rápida rotación.

Agujeros negros

Se necesita una enorme cantidad de energía para crear un agujero negro. Por eso solo las estrellas más grandes, y por tanto las supernovas más grandes, los producen. Los agujeros negros tienen una enorme gravedad, porque contienen mucha materia.

Potente gravedad

Los agujeros negros se crean cuando el núcleo de la estrella está extremadamente aplastado, el equivalente a la Tierra comprimida al tamaño de una moneda. Esto significa que la gravedad es tan fuerte en un agujero negro que ni siquiera la luz puede escapar.

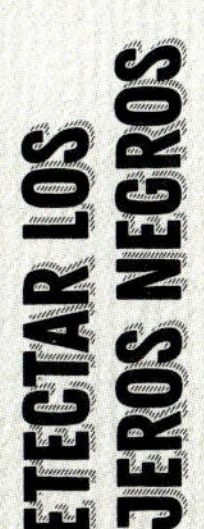

Discos de acreción

Es muy difícil ver los agujeros negros, porque no brillan ni reflejan la luz. Por suerte, muchos están rodeados de unos discos brillantes, llamados discos de acreción, que están formados por el material que es absorbido por el agujero negro. La gravedad hace que el material se roce y brille.

Lente cósmica

La gravedad de los agujeros negros es tan fuerte que desvía la luz. Observar esta curvatura de la luz ayuda a los astrónomos a encontrar agujeros negros. También les permite obtener una visión diferente de otros objetos en el espacio. Es lo que se denomina lente gravitacional.

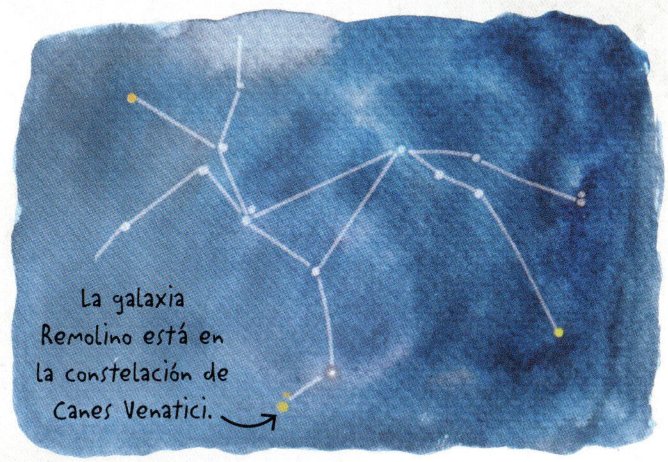

GALAXIAS

Las galaxias son enormes conjuntos de cientos de miles de millones de estrellas, sus planetas y lunas, gases y polvo, unidos por la gravedad en una danza alrededor de un punto central. Las galaxias también contienen un misterioso material llamado materia oscura, ¡que solo se descubrió estudiando cómo giran!

Algunas galaxias tienen un aspecto muy diferente cuando se ven desde un lado. La siguiente imagen muestra el perfil de la galaxia espiral NGC 1055.

Esta imagen de M51, la galaxia Remolino, fue tomada por el telescopio espacial Hubble.

FOTOGENIA

Las galaxias están entre los objetos más fotografiados del espacio. Algunas, como nuestra galaxia, la Vía Láctea, tienen hermosos brazos espirales de estrellas que las envuelven. Otras parecen más bien bolas aplastadas de estrellas.

Se cree que en el corazón de casi todas las galaxias hay un agujero negro.

Galaxias espirales

Tienen una protuberancia central de la que parten brazos espirales de estrellas.

Galaxias elípticas

Estas colecciones de estrellas son redondas y tienen forma de huevo.

Formas de las galaxias

Las galaxias se clasifican en tres categorías principales en función de su forma.

Observar la Vía Láctea

Vivimos en el brazo de Orión de la Vía Láctea. En la época adecuada del año, en noches muy claras, a veces se pueden ver los otros brazos de nuestra galaxia. Aparecen como bandas lechosas de estrellas que se extienden por el cielo nocturno.

Esta imagen de la galaxia del Abanico fue tomada por el telescopio espacial James Webb. Capta diferentes longitudes de onda para revelar objetos que de otro modo quedarían ocultos.

Galaxias irregulares

Estas colecciones de estrellas no tienen una estructura clara.

Materia misteriosa

La mayoría de las galaxias giran alrededor de un agujero negro. La forma en la que giran sugiere que en ellas hay mucho más material del que podemos ver. A este material invisible lo llamamos materia oscura, y aún nos queda mucho por aprender sobre ella.

Esta imagen tomada por el telescopio espacial James Webb muestra el Quinteto de Stephan. Cuatro de las cinco galaxias de la imagen se están fusionando en una danza gravitatoria.

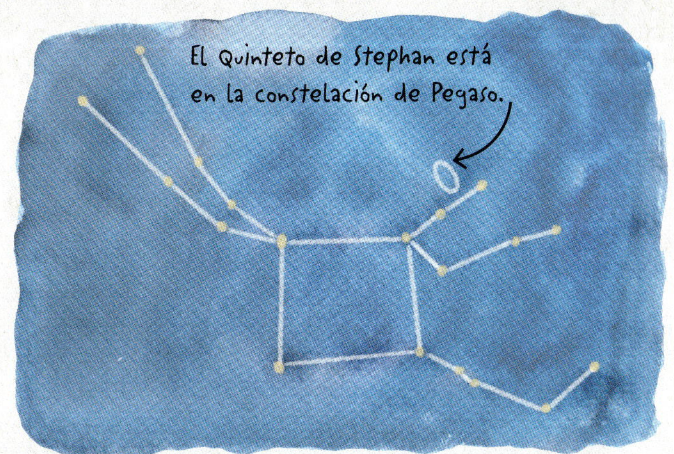

COLISIONES CÓSMICAS

Las galaxias, como nuestra Vía Láctea, son conjuntos de cientos de miles de millones de estrellas y planetas unidos por la gravedad. La mayoría de las galaxias tienen su propio lugar en el espacio, pero a veces pueden desplazarse unas hacia otras y colisionar.

El telescopio espacial Hubble ha tomado muchas imágenes de galaxias en colisión a lo largo de los años, como las galaxias Antennae, arriba.

ATRACCIÓN GRAVITATORIA

Las galaxias son enormes. Siendo tan masivas, tienen mucha gravedad. Si dos galaxias están cerca la una de la otra, se atraerán mutuamente, arremolinándose hasta que finalmente se fusionen en una sola. ¿Qué significa esto para nosotros?

Alerta Andrómeda

Nuestra Vía Láctea está en curso de colisión con la galaxia de Andrómeda. Ambas se acercan a más de 100 km/s. Pero que no cunda el pánico: no se fusionarán hasta dentro de 4000 millones de años.

Vía Láctea

La Vía Láctea se encuentra actualmente a 2,5 millones de años luz de la galaxia de Andrómeda.

Las dos galaxias se ven atraídas entre sí porque ambas tienen una enorme atracción gravitatoria.

Andrómeda

Esta imagen de galaxias fusionándose muestra cómo se arrancan material unas a otras a medida que se acercan.

Grandes fusiones

Las colisiones entre galaxias son más una fusión que un choque. Las estrellas no chocan entre sí, pero las galaxias atraen material unas de otras en una danza gravitatoria que puede desencadenar la formación de nuevas estrellas.

Cuando las galaxias se fusionan, los agujeros negros de su centro también se acaban fusionando.

Lactómeda

DENTRO DE 4000 MILLONES DE AÑOS

OTRAS GALAXIAS EN COLISIÓN

La galaxia espiral NGC 4911 está en el cúmulo de Coma, una zona que alberga casi 1000 galaxias. NGC 4911 está siendo desmembrada por sus numerosas vecinas.

UGC 1810, la galaxia superior, devorará a Arp 273, la galaxia inferior, en los próximos mil millones de años.

Esta pareja, llamada NGC 6240, es muy brillante. Están a punto de fusionarse, lo que genera gran cantidad de energía.

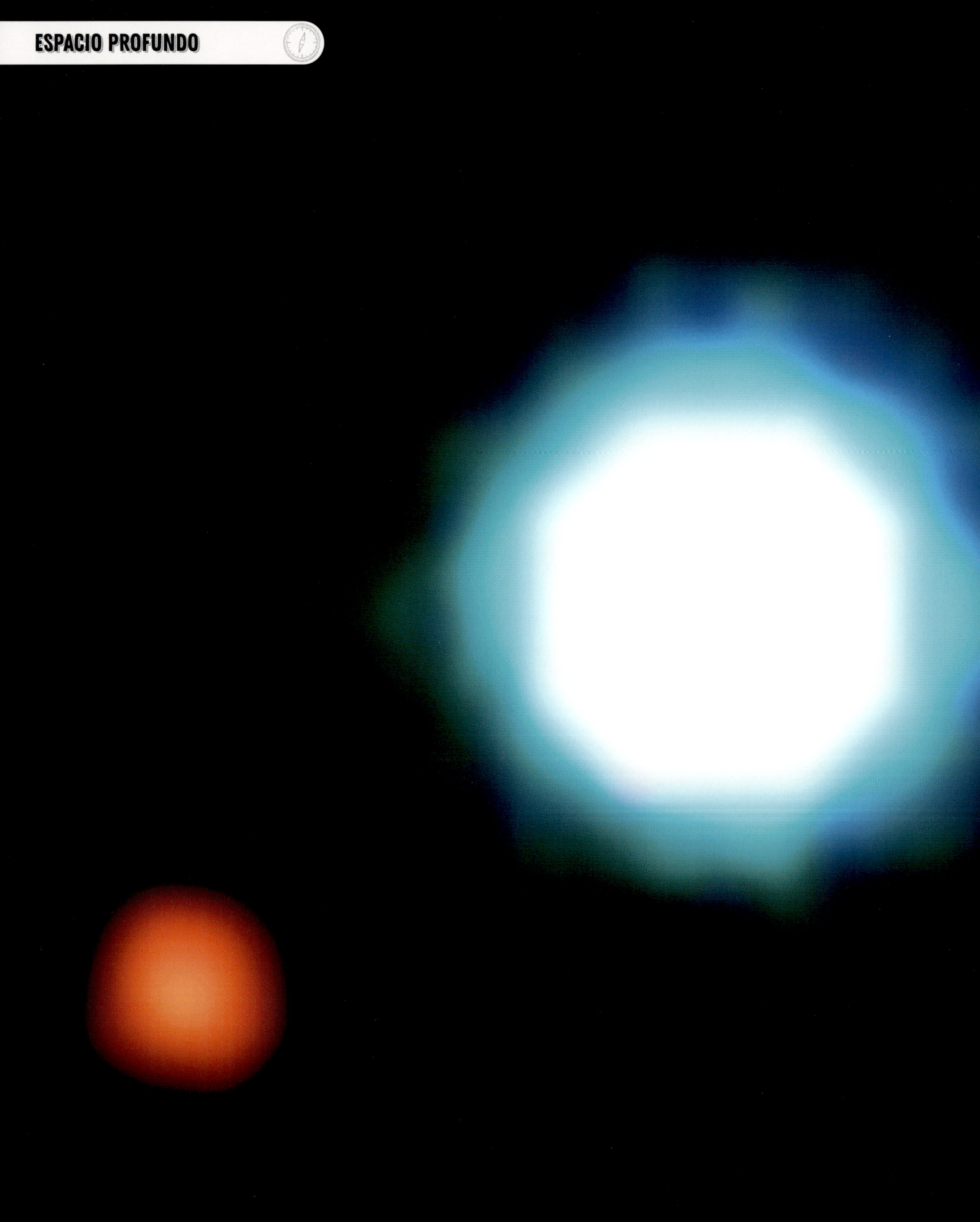

El planeta 2M1207b está en la constelación de Centaurus.

EXOPLANETAS

La mayoría de los planetas de nuestro sistema solar se descubrieron hace miles de años, pero no fue hasta hace poco cuando los astrónomos imaginaron que otras estrellas podrían tener mundos orbitando a su alrededor. A medida que los científicos han podido mirar más lejos en el espacio, han descubierto que el universo está lleno de estos exoplanetas.

Representación artística de 2M1207b, un gigante gaseoso cinco veces más masivo que Júpiter, lo que lo convierte en un «super-Júpiter».

Esta es la primera imagen de un planeta orbitando alrededor de una estrella distinta de nuestro Sol. El planeta se llama 2M1207b.

MUNDOS LEJANOS

Un exoplaneta es un planeta que orbita alrededor de una estrella distinta de nuestro Sol. Los astrónomos encontraron las primeras pruebas de su existencia en 1992. Desde entonces, se han descubierto más de 5000 exoplanetas, y el número no deja de crecer.

Descubrimientos gigantes

Siendo tan lejanos, los exoplanetas más grandes son más fáciles de encontrar. Esto significa que los primeros descubrimientos solían ser gigantes gaseosos. Se podían encontrar buscando un tambaleo en la estrella que orbitan, causado por la gravedad del exoplaneta.

Efecto Doppler

Si una ambulancia pasa con la sirena en funcionamiento, el cambio de tono se debe a que las ondas sonoras se comprimen (al acercarse) y se estiran (al alejarse). Este fenómeno se denomina efecto Doppler y explica por qué la luz de las estrellas en movimiento es más azul (comprimida) o roja (estirada).

Descubrimientos más pequeños

Los planetas pequeños no hacen tambalear sus estrellas lo suficiente para poder detectarlos. Por eso, otra buena forma de encontrar planetas es buscar estrellas que presenten cambios en su brillo. Cuando los planetas se mueven entre su estrella y nosotros, bloquean una pequeña cantidad de luz. Esto nos permite calcular el tamaño del exoplaneta y el tiempo que tarda en orbitar.

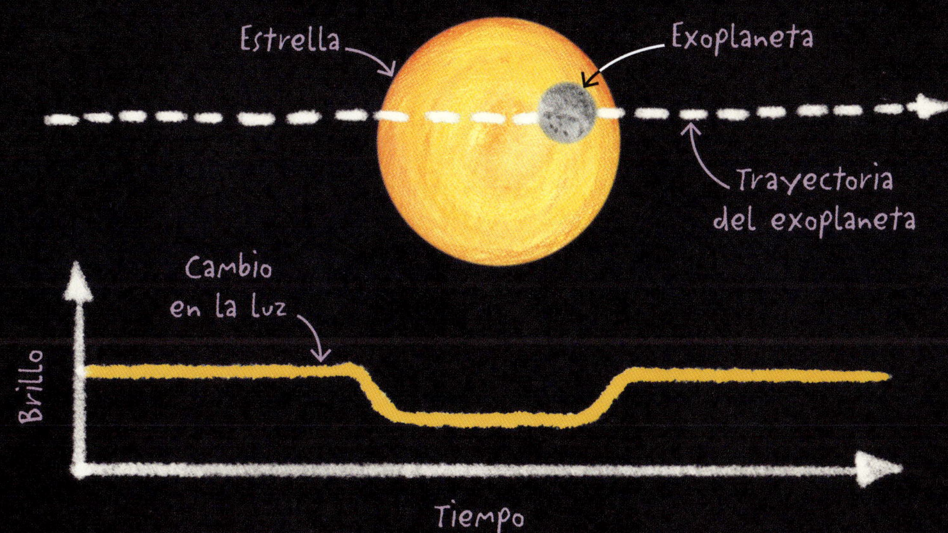

Este gráfico muestra un descenso en el brillo de esta estrella. Como resultado, los científicos saben que un exoplaneta se ha desplazado por ella.

Planetas únicos

Se han hallado exoplanetas asombrosos. En 2011 se descubrió Kepler-10b: un diminuto planeta rocoso tan cercano a su estrella que su superficie es probablemente un gigantesco lago de lava. Otro planeta, llamado 55 Cancri, es tan caliente y pesado que se cree que está hecho casi enteramente de diamante.

Múltiples Tierras

Uno de los sistemas estelares más sorprendentes encontrado es el sistema estelar Trappist-1, que contiene siete planetas. La estrella es mucho más pequeña que nuestro Sol, por lo que todo el sistema es mucho más pequeño. A pesar de ello, podría haber al menos dos planetas muy similares a la Tierra.

Cada 15 años aproximadamente, aparecen estas misteriosas manchas en los anillos de Saturno, pero los astrónomos no saben a qué corresponden.

MISTERIOS DEL ESPACIO

Cada vez comprendemos y explicamos mejor lo que vemos en las imágenes que nos envían los telescopios y sondas espaciales. Sin embargo, encontramos cosas que nos cuesta explicar. Los científicos han entendido algunas de ellas, pero otras siguen siendo un misterio.

La imagen de la izquierda (de los anillos de Saturno) fue tomada por el telescopio espacial Hubble.

¿QUÉ, CÓMO Y POR QUÉ?

A los científicos les encanta que los sorprendan, y el espacio tiene muchas imágenes sorprendentes. Una imagen misteriosa del espacio permite a los astrónomos jugar a los detectives para intentar entender qué está pasando, ¡y al mismo tiempo puede mejorar nuestra comprensión de la ciencia! Pero estas imágenes también despiertan la imaginación, y algunas personas elaboran teorías descabelladas para explicarlas.

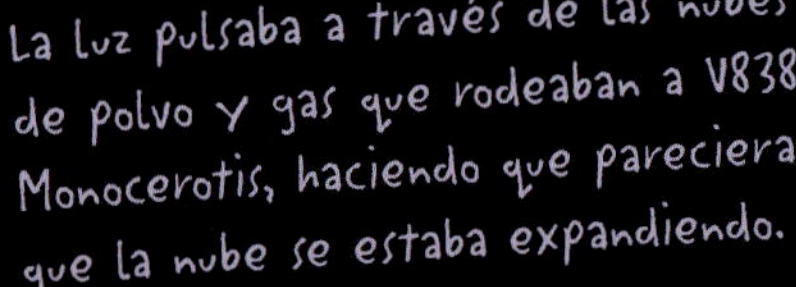

La luz pulsaba a través de las nubes de polvo y gas que rodeaban a V838 Monocerotis, haciendo que pareciera que la nube se estaba expandiendo.

Monocerotis pulsante

En 2002, V838 Monocerotis, una estrella hasta entonces anodina, se iluminó de repente, llegando a ser un millón de veces más brillante que nuestro Sol. La luz atravesó las viejas nubes de polvo y gas que rodeaban la estrella, iluminándolas y haciendo que pareciera que se estaban expandiendo. Los científicos consideran que puede deberse a la fusión de dos estrellas, pero aún no están seguros.

Una cara en Marte

En 1976, el orbitador Viking 1 envió una imagen de la superficie de Marte que sorprendió a los científicos: ¡parecía mostrar una cara! Algunos sugirieron que había sido construida por una antigua civilización marciana, pero los científicos sospecharon que se trataba de un efecto de la luz. Imágenes más recientes muestran que fue causada por las sombras.

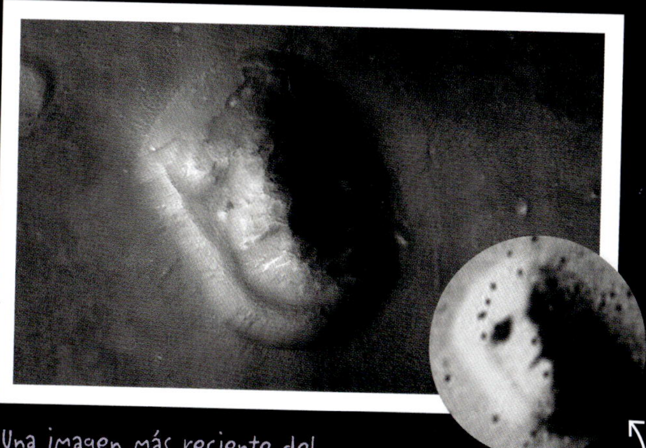

Una imagen más reciente del Mars Global Surveyor, de mejor resolución y con menos sombras.

Imagen original

Estrella de Tabby

Las estrellas variables son estrellas que se vuelven más brillantes y más tenues con el tiempo, normalmente con un patrón fijo. La estrella de Tabby parece brillar y apagarse de forma aleatoria, y los científicos aún están intentando comprender por qué. La explicación más probable es que está rodeada por un anillo grumoso de gas, que bloquea distintas cantidades de luz en diferentes momentos.

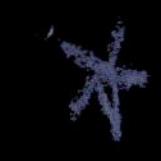

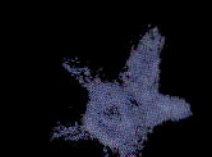

GLOSARIO

agujero negro
Una región del espacio muy densa, con forma de bola, causada por el colapso de una estrella. La luz no puede viajar lo suficientemente rápido como para escapar de la poderosa atracción gravitatoria de un agujero negro, por lo que estos misteriosos objetos son casi completamente negros.

anillos
Aglomeraciones o materia, a menudo helada, que orbitan alrededor de un objeto en el espacio.

año luz
Distancia recorrida por un rayo de luz en un año terrestre. Los años luz se utilizan para describir las enormes distancias entre objetos lejanos del universo, como estrellas y galaxias.

asteroide
Objeto pequeño y abultado del sistema solar, generalmente formado por rocas o metales.

atmósfera
Capa de gases que rodea un objeto, como un planeta o una luna.

auroras
Bandas brillantes de luz que aparecen en la atmósfera sobre las regiones polares de un planeta o una luna. En la Tierra, en el hemisferio norte se denominan auroras boreales, mientras que en el hemisferio sur se conocen como auroras australes.

basura espacial
Residuos de materiales creados por el ser humano que ya no se usan, pero que aún orbitan alrededor de la Tierra.

Big Bang
Nombre dado al acontecimiento que marcó el nacimiento del universo. Se cree que el universo estaba muy caliente y debió de expandirse rápidamente a partir de un único y pequeño punto.

campo magnético
Zona alrededor de un planeta o luna que lo protege del viento solar.

cinturón de asteroides
Una enorme región del sistema solar en forma de anillo, situada entre los planetas Marte y Júpiter, que contiene numerosos asteroides (y el planeta enano Ceres).

cinturón de Kuiper
Gran extensión del sistema solar situada más allá de la órbita del planeta Neptuno que contiene numerosos cuerpos pequeños y helados. Plutón orbita alrededor del Sol en la región del cinturón de Kuiper.

cometa
Objeto helado del sistema solar que se calienta y empieza a liberar gases al acercarse al Sol.

constelación
Grupo de estrellas que forma un patrón, a menudo con el nombre de una figura mitológica.

corrimiento al rojo
Aumento de la longitud de onda de la luz procedente de objetos que se alejan de nosotros.

cráter
Hoyo en la superficie de un planeta, luna u otro objeto espacial sólido. Los cráteres se forman cuando asteroides, cometas y otras rocas espaciales más pequeñas chocan contra la superficie.

cúmulo de galaxias
Conjunto de múltiples galaxias que forman un grupo relativamente cercano.

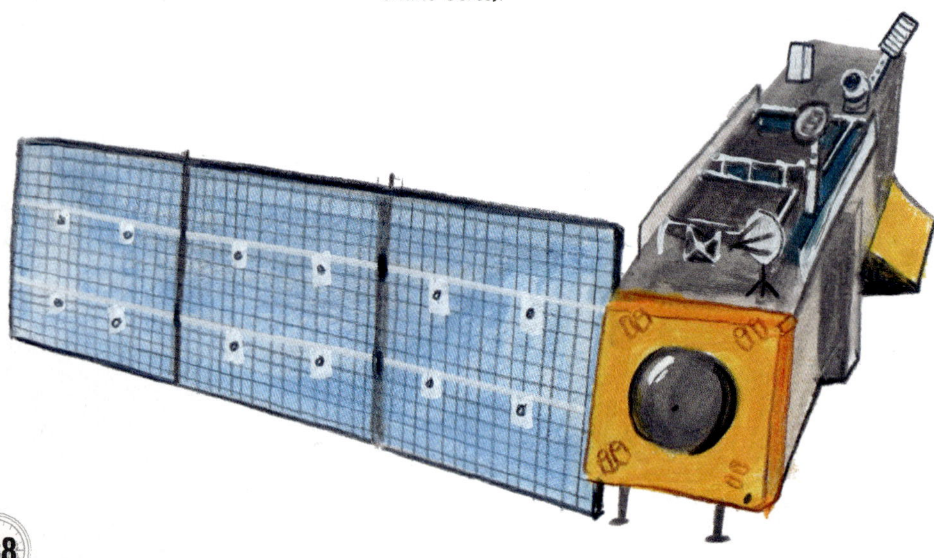

denso
Que contiene mucha materia en poco espacio.

eclipse
Cuando un objeto en el espacio se mueve frente a otro e impide que la luz llegue a un observador.

espectro electromagnético
La gama de radiaciones del universo, organizada por longitudes de onda. Los humanos solo podemos ver la luz visible, pero los telescopios pueden detectar otras longitudes de onda del espectro.

estación espacial
Satélite de fabricación humana utilizado como base a largo plazo para la exploración espacial.

estrella
Enorme bola de plasma que brilla a causa de una reacción llamada fusión nuclear. Con el tiempo, las reacciones se ralentizan y se detienen cuando la estrella muere.

estrella de neutrones
Núcleo colapsado de una estrella masiva, que queda tras una supernova.

exoplaneta
Planeta que orbita alrededor de otra estrella fuera de nuestro sistema solar. Es probable que haya miles de millones de ellos en nuestra galaxia.

fusión nuclear
La reacción que alimenta el Sol y otras estrellas.

galaxia
Una enorme reunión de miles, millones o miles de millones de estrellas que se arremolinan en el universo.

gigante gaseoso

Planeta de gran tamaño y baja densidad, compuesto principalmente de hidrógeno y helio. En nuestro sistema solar, Júpiter, Saturno, Urano y Neptuno son gigantes gaseosos.

gravedad

Fuerza de atracción que existe entre toda la materia. Cuanto mayor es la masa de un objeto, mayor es su atracción gravitatoria.

helio

El segundo elemento químico más común del universo, tras el hidrógeno.

heliosfera

Región que rodea nuestro Sol y el sistema solar y que está llena de viento solar. Más allá de la heliosfera se encuentra el espacio interestelar (espacio entre estrellas).

hidrógeno

Elemento químico que se encuentra en todo el cosmos. La mayoría de las estrellas están formadas principalmente por hidrógeno.

infrarrojos

Longitud de onda superior al extremo rojo del espectro de luz visible, pero inferior a las microondas.

luna

Nombre dado a los objetos naturales –grandes y pequeños– que orbitan alrededor de los planetas y otros objetos del sistema solar y más allá.

manto

Capa interior de un planeta que rodea el núcleo.

materia oscura

Material misterioso que no absorbe, refleja ni emite luz.

meteorito

Roca espacial, o fragmento de una roca espacial, que ha atravesado la atmósfera terrestre para aterrizar en la superficie de nuestro planeta.

meteoro

Pequeño objeto procedente del espacio exterior que penetra en la atmósfera terrestre, brilla y aparece como un rayo de luz.

meteoroide

Pequeño cuerpo que se desplaza en el sistema solar y que se convertiría en meteoro si entrara en la atmósfera terrestre.

microbio

Ser vivo diminuto que es demasiado pequeño para ser visto a simple vista.

microondas

Longitud de onda más corta que las ondas de radio, pero mayor que los infrarrojos.

nebulosa

Nube de gas y polvo que flota en el espacio.

nube de Oort

Enorme esfera de objetos helados similares a cometas que se cree que rodea el sistema solar.

núcleo

La capa más interna de un planeta o una luna. Puede ser sólida o líquida.

órbita

Trayectoria de un objeto alrededor de otro, como la de la Tierra alrededor del Sol, la de un cometa a través del sistema solar o incluso la de una galaxia que gira alrededor de otra.

planeta

Cualquiera de los ocho mundos principales de nuestro sistema solar: Mercurio, Venus, Tierra, Marte, Júpiter, Saturno, Urano y Neptuno. También hay planetas alrededor de otras estrellas; *ver* «exoplaneta».

planeta enano

Objeto redondo en el espacio que orbita alrededor del Sol, pero que no es una luna. Más pequeño que un planeta, no tiene el tamaño suficiente para despejar de objetos su órbita.

plasma

Gas muy caliente que tiene mucha más energía que los otros tres estados de la materia (sólido, líquido o gas).

púlsar

Estrella de neutrones que gira rápidamente.

satélite

Suele referirse a los objetos creados por el ser humano que viajan alrededor de la Tierra u otros cuerpos del sistema solar. Los astrónomos se refieren también a las lunas como los satélites naturales de los planetas.

sistema estelar

Pequeño número de estrellas que orbitan entre sí, unidas por la gravedad.

sistema solar

Variada colección de objetos –como planetas, lunas, asteroides y cometas– que orbitan alrededor del Sol.

supernova

Explosión extremadamente potente creada por una gran estrella moribunda.

universo

Todo el espacio y todo lo que este contiene.

Vía Láctea

El nombre de nuestra galaxia. Vemos la Vía Láctea desde dentro, ya que nuestro Sol es una de sus 200 000-400 000 millones de estrellas.

viento solar

Partículas cargadas liberadas por el Sol a través del sistema solar.

ÍNDICE

A, B

C

D

E, F

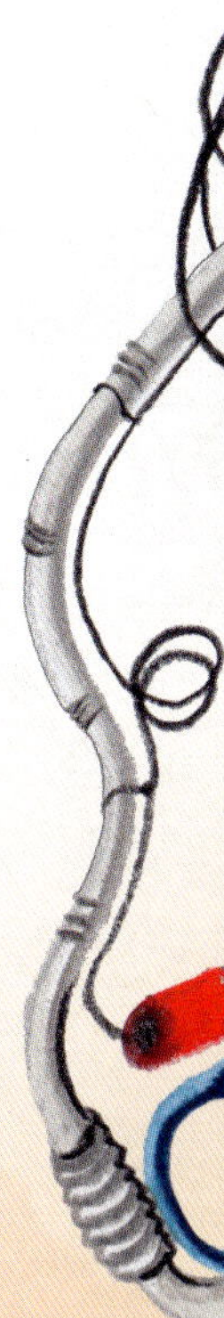

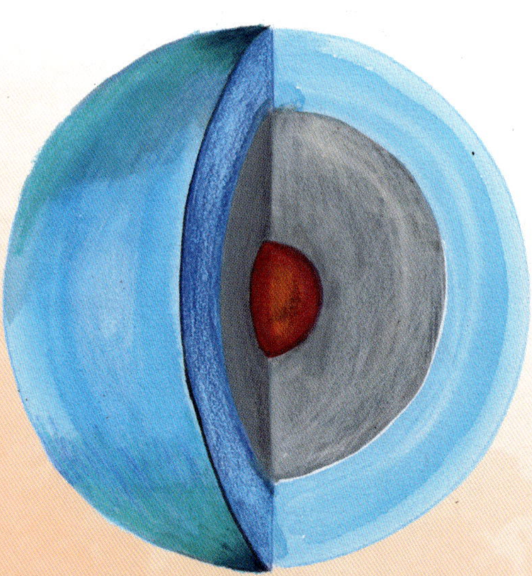

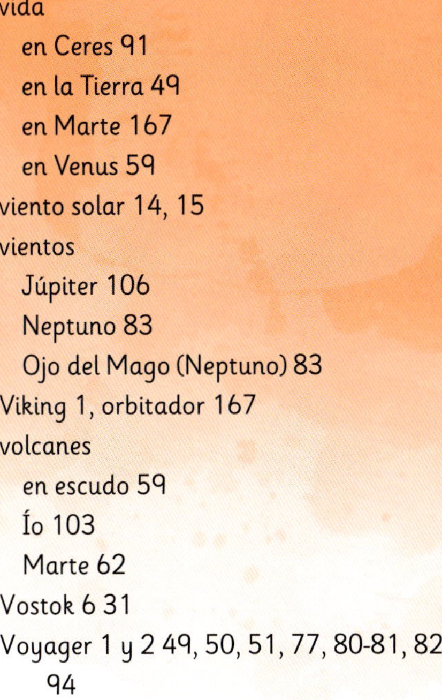

AGRADECIMIENTOS

DK quiere agradecer: a Polly Goodman por la revisión del texto y a Helen Peters por la preparación del índice.

Los editores agradecen a los siguientes su amable permiso para la reproducción de sus fotografías:

(Clave: a=arriba; b=abajo/debajo; c=centro; d=derecha; e=extremo; i=izquierda; s=superior)

1-176 Dreamstime.com: Daboost. **2-3 ESA / Hubble:** NASA, R. Cohen. **8-9 NASA:** NOAA / GSFC / Suomi NPP / VIIRS / Norman Kuring. **9 NASA:** (bd). **10-11 NASA. 10 NASA:** (bc). **11 ESA:** Kari (sc). **NASA:** JSC (cd). **12-13 Getty Images / iStock:** TZU-HAN-YU. **15 ESA:** NASA-T. Pesquet (bd). **NASA:** SDO (cda). **16-17 NASA:** Joel Kowsky. **17 NASA:** (bd). **18 123RF.com:** picsfive (b). **Dreamstime.com:** Robyn Mackenzie / Robynmac (cinta). **19 123RF.com:** picsfive (d). **Alamy Stock Photo:** Planetpix (cb); PR images (cdb). **NASA:** (si, sd). **Virgin Galactic:** (cd). **20-21 ESA:** NASA / JPL-Caltech. **21 Dreamstime.com:** Jeerawat Pokeeree (cdb). **22 Science Photo Library:** Mark Williamson (b). **23 123RF.com:** picsfive (ci). **Dreamstime.com:** Robyn Mackenzie / Robynmac (cia). **Japan Aerospace Exploration Agency (JAXA):** (cda). **Science Photo Library:** Nicolle R. Fuller (bd). **24-25 NASA. 25 NASA:** (bd). **26 Dreamstime.com:** Robyn Mackenzie / Robynmac (cib). **NASA:** (d, bd). **26-27 123RF.com:** picsfive (b). 27 **123RF.com:** picsfive (s). **Dreamstime.com:** Robyn Mackenzie / Robynmac (si, sc). **NASA:** (cia, cd, cb, bi, bc). **28-29 NASA. 29 Alamy Stock Photo:** IanDagnall Computing (bd). **30 123RF.com:** picsfive (bd). **NASA:** (sd). **31 Alamy Stock Photo:** Pictorial Press Ltd (si); Misha Japaridze / Associated Press (cdb). **Dreamstime.com:** Ilyach (b). **NASA:** (cib). **32-33 Science Photo Library:** Mikkel Juul Jensen. **33 ESA:** (bd). **34 123RF.com:** picsfive (b). **35 Alamy Stock Photo:** Stephen Hovington (si). NASA: (bi). **36-37 Alamy Stock Photo:** Pictorial Press Ltd. **37 Alamy Stock Photo:** Album (cdb). **38 Dreamstime.com:** Robyn Mackenzie / Robynmac (ca, cib). **NASA:** Dominic Hart (cb). **PLoS ONE:** Lee S-J (2007) Quadrupling Muscle Mass in Mice by Targeting TGF-ß Signaling Pathways. PLoS ONE 2(8): e789. https://doi.org/10.1371/journal.pone.0000789 (ci). **38-39 123RF.com:** picsfive (b). **39 Alamy Stock Photo:** NIH / IMAGE POINT FR / BSIP (ci); Science History Images (sd). **40-41 NASA. 41 NASA:** (bd). **42-43 123RF.com:** picsfive (b). **42 Alamy Stock Photo:** NASA (bd). **Dreamstime.com:** Robyn Mackenzie / Robynmac (cib). **NASA:** (c). **Science Photo Library:** NASA (bi). **43 Alamy Stock Photo:** Photo Researchers / Science History Images (bc). **44-45 Getty Images:** Wang Zhao / AFP. **45 NASA:** (bd). **46 Dreamstime.com:** Robyn Mackenzie / Robynmac (cb). **ESA:** NASA (bc). **47 Alamy Stock Photo:** Stocktrek Images, Inc. (bc). **Dreamstime.com:** Robyn Mackenzie / Robynmac (sc/cinta). **NASA:** (sc); Glenn Benson (cda). **48-49 Alamy Stock Photo:** Sipa US. **49 NASA:** JPL-Caltech (cdb). **50-51 123RF.com:** picsfive (b). **50 Alamy Stock Photo:** Photo Researchers / Science History Images (bc). **Dreamstime.com:** Robyn Mackenzie / Robynmac (cib). **51 Alamy Stock Photo:** Walter Myers / Stocktrek Images (bc); World History Archive (bi). **52-53 NASA:** Johns Hopkins University Applied Physics Laboratory / Carnegie Institution of Washington. **53 Alamy Stock Photo:** NG Images (bd). **54 123RF.com:** picsfive (bi). **Dreamstime.com:** Robyn Mackenzie / Robynmac (cb). **NASA:** JHU APL / CIW (cdb). **54-55 NASA:** Johns Hopkins University Applied Physics Laboratory / Carnegie Institution of Washington (s). **55 123RF.com:** picsfive (c). **NASA:** (si). **56-57 NASA:** JPL-Caltech. **57 ESO:** Y. Beletsky (cdb). **58 Science Photo Library:** Detlev Van Ravenswaay (cd). **59 NASA:** JPL (cd). **60-61 Alamy Stock Photo:** Martin. **61 Dreamstime.com:** Robyn Mackenzie / Robynmac (ci). NASA: JPL-Caltech (cdb). **62 123RF.com:** picsfive (cda, cib). **Dreamstime.com:** Robyn Mackenzie / Robynmac (sc). **ESA:** DLR / FUBerlin / AndreaLuck (ci). **NASA:** JPL-Caltech / MSSS (sd). **62-63 Alamy Stock Photo:** Geopix (b). **63 ESA:** DLR / FU Berlin (sc). **64-65 NASA:** JPL-Caltech / UCLA / MPS / DLR / IDA. **65 Shutterstock.com:** Kit Leong (bd). **66 123RF.com:** picsfive (bi). **Dreamstime.com:** Robyn Mackenzie / Robynmac (cb). **NASA:** JPL-Caltech / UCLA / MPS / DLR / PSI y NASA / ESA / STScI / UMd (bi/Vesta); JPL-Caltech / UCLA / MPS / DLR / IDA (bc, bc/Vesta captado por Dawn). **67 ESO:** Vernazza, Marchis *et al.* / MISTRAL algorithm (ONERA / CNRS) (sd). **NASA:** JPL-Caltech / ASU (bd). **68-69 NASA:** Imagen mejorada por Kevin M. Gill (CC-BY) en base a imágenes por cortesía de la NASA / JPL-Caltech / SwRI / MSSS. **69 Science Photo Library:** Rev. Ronald Royer (cdb). **71 Dreamstime.com:** Robyn Mackenzie / Robynmac (c/cinta). **NASA:** Imagen mejorada por Kevin M. Gill (CC-BY) en base a imágenes por cortesía de la NASA / JPL-Caltech / SwRI / MSSS (c); JPL / University of Arizona (sd); JPL-Caltech / SwRI / MSSS / Gerald Eichstad / Sean Doran © CC NC SA (cd). **72-73 NASA:** ESA y Erich Karkoschka (University of Arizona). **73 Alamy Stock Photo:** Victor Habbick Visions (cdb). **74 NASA:** JPL-Caltech / Space Science Institute (ci, cb). **74-75 ESA / Hubble:** NASA, A. Simon (Goddard Space Flight Center), M. H. Wong (University of California, Berkeley), y OPAL Team (s). **75 NASA:** JPL / STScI (sd); JPL-Caltech / Space Science Institute (c). **76-77 Alamy Stock Photo:** Igor Filonenko. **77 NASA:** JPL-Caltech (cdb). **79 123RF.com:** picsfive (s). **Dreamstime.com:** Ilyach (b). **NASA:** ESA y Erich Karkoschka, University of Arizona (bi). **80-81 Alamy Stock Photo:** Worldspec / NASA. **81 NASA:** JPL (cdb). **82 Dreamstime.com:** Robyn Mackenzie / Robynmac (bc/cinta). **ESO:** P. Weilbacher (AIP) (cda). **NASA:** ESA, CSA, STScI (bc); JPL (cib). **83 123RF.com:** picsfive (s/cinta, d). **NASA:** JPL / USGS (sd); JPL (cdb). **84-85 Science Photo Library:** Juan Carlos Casado (Starryearth.com). **85 Alamy Stock Photo:** Photo Researchers / Science History Images (cdb). **86 Shutterstock.com:** Cessna152. **87 123RF.com:** picsfive (d). **Alamy Stock Photo:** ESA / Rosetta / Philae / CIVA / Sipa USA (si); NASA Image Collection (cdb). **ESA:** (cd). **NASA:** (cda). **88-89 Alamy Stock Photo:** NASA Image Collection. **89 Alamy Stock Photo:** Christophe Coat (cb). **NASA:** Johns Hopkins University Applied Physics Laboratory / Southwest Research Institute (cb/Plutón); NASA Visualization Technology Applications And Development (VTAD) (cdb, cdb/Makemake); JPL-Caltech / UCLA / MPS / DLR / IDA (ecdb). **90 NASA:** Johns Hopkins University Applied Physics Laboratory / Southwest Research Institute (c); JPL-Caltech / UCLA / MPS / DLR / IDA (sd). **90-91 NASA:** Johns Hopkins University Applied Physics Laboratory / Southwest Research Institute (b). **91 Alamy Stock Photo:** NASA Image Collection (c). **Dreamstime.com:** Robyn Mackenzie / Robynmac (si). **92-93 Alamy Stock Photo:** Damian Peach / Galaxy Picture Library. **93 Alamy Stock Photo:** John White Photos (cdb). **95 ESO:** M. Kornmesser (bc). **96-97 Alamy Stock Photo:** Geopix. **97 Science Photo Library:** NASA / SDO / LMSAL (cdb). **98 NASA:** ESA / SOHO (ci). **99 123RF.com:** picsfive (b). **NASA:** Aubrey Gemignani (si). **100-101 NASA. 101 Shutterstock.com:** Claudio Caridi (cdb). **102 Dreamstime.com:** Robyn Mackenzie / Robynmac (c). **NASA:** JPL-Caltech / SwRI / MSSS / Kevin M. Gill (si). **103 123RF.com:** picsfive (b). **NASA:** Johns Hopkins University Applied Physics Laboratory / Southwest Research Institute

(c); JPL / University of Arizona (cia). **104-105 Alamy Stock Photo:** NASA Image Collection. **105 NASA:** JPL-Caltech / Space Science Institute (cdb). **106 123RF.com:** picsfive (cdb). **Dreamstime.com:** Robyn Mackenzie / Robynmac (bc, cdb/cinta). **NASA:** ESA y A. Simon (Goddard Space Flight Center); (cb); JPL-Caltech / Space Science Institute / Hampton University (bi). **107 Dreamstime.com:** Robyn Mackenzie / Robynmac (cda). **ESA:** DLR / FU Berlin (cd). **NASA:** JPL-Caltech (cia). **108-109 Alamy Stock Photo:** NASA Image Collection. **109 Alamy Stock Photo:** World History Archive (cdb). **110 Dreamstime.com:** Robyn Mackenzie / Robynmac (ca, cib). **NASA:** Orbital ATK (bc). **Shutterstock.com:** Astor57 (ci). **110-111 123RF.com:** picsfive (b). **Dreamstime.com:** Standret. **111 123RF.com:** picsfive (s). **Alamy Stock Photo:** Photo Researchers / Science History Images (bd). **ESA:** S. Corvaja (bi). **NASA:** IMAX (c). **Shutterstock.com:** Saad Qamar (cd). **112-113 Science Photo Library:** Eckhard Slawik. **114-115 Dreamstime.com. 115 123RF.com:** picsfive (d). **Dreamstime.com:** Robyn Mackenzie / Robynmac (cia, cb). **Science Photo Library:** John Chumack (cdb); Jeff Dai (ci); Gerard Lodriguss (cd). **116-117 NASA**: Bill Ingalls. **117 Science Photo Library:** Jeff Dai (cdb). **118 123RF.com:** picsfive (sd). **Dreamstime.com:** Robyn Mackenzie / Robynmac (c). **NASA:** JPL-Caltech (cd). **119 123RF.com:** picsfive; solarseven (sc). **Alamy Stock Photo:** John Cancalosi (ca/meteorito Seymchan); Susan E. Degginger (cia, ecia); myLAM (ca); Natural History Museum, Londres (cda). **Dreamstime.com:** Robyn Mackenzie / Robynmac (si, cdb). Randy L. Korotev: (cb). **120-121 NASA:** ESA, CSA y STScI. **121 NASA:** (cdb). **122-123 123RF.com:** picsfive (b). **123 ESO:** ALMA (ESO / NAOJ / NRAO) / E. OGorman / P. Kervella (cia). **124-125 Shutterstock.com:** cometa geo. **125 Shutterstock.com:** cometa geo (cdb). **126 S. Fatigoni *et al.* (2021):** (cb). **Dreamstime.com:** Robyn Mackenzie / Robynmac (cb/cinta). **Science Photo Library:** JPL-Caltech / D. Block (Anglo American Cosmic Dust Lab, Sa) / NASA (bd); Max-Planck-Institut für Radioastronomie (cib). **127 Dreamstime.com:** Robyn Mackenzie / Robynmac (cd). **Science Photo Library:** NASA / Swift / Stefan Immler (Gsfc) y Erin Grand (Umcp) (bc); Smithsonian Institution (cdb). **Shutterstock.com:** NASA images (cib). **128-129 NASA:** Desiree Stover. **129 NASA:** GSFC (bd). **130 123RF.com:** picsfive (b). **Dreamstime.com:** Robyn Mackenzie / Robynmac (ebi, cdb). **Science Photo Library:** European Space Agency / CNES / Arianespace (cd). **131 123RF.com:** picsfive (d). **ESA:** NASA / CSA / STScI (cda); NASA, CSA, STScI, M. Tiscareno (SETI Institute), M. Hedman (University of Idaho), M. El Moutamid (Cornell University), M. Showalter (SETI Institute), L. Fletcher (University of Leicester), H. Hammel (AURA), J. DePasquale (STScI) (cd). **NASA:** ESA, A. James (STScI) (si); ESA, CSA, STScI, A. Pagan (STScI) (sc); ESA, CSA y J. Lee (NOIRLab), A. Pagan (STScI) (cib); ESA, CSA, M. Kelley (University of Maryland), H. Hsieh (Planetary Science Institute), A. Pagan (STScI) (cdb). **132-133 ESA / Hubble:** NASA, M. Robberto (Space Telescope Science Institute / ESA) and the Hubble Space Telescope Orion Treasury Project Team. **133 NASA:** (cdb). **134 ESO:** ALMA (NAOJ / NRAO). NASA y The Hubble Heritage Team (AURA/STScI): NASA, ESA, Mario Livio (STScI), Hubble 20th Anniversary Team (STScI) (cib). **135 ESO:** (cib). **NASA:** ESA y The Hubble Heritage Team (STScI / AURA) (c). **136-137 Alamy Stock Photo:** NG Images. **137 NASA:** ESA, N. Evans (Harvard-Smithsonian CfA) y H. Bond (STScI) (cdb). **138 123RF.com:** picsfive (sd/papel). **Dreamstime.com:** Robyn Mackenzie / Robynmac (sd). **139 Alamy Stock Photo:** Historic Collection (cd). **Science Photo Library:** John Sanford (si). **140-141 Alamy Stock Photo:** NASA Image Collection. **141 NASA:** ESA, HEIC y The Hubble Heritage Team (STScI / AURA) (cdb). **143 NASA:** ESA y The Hubble SM4 ERO Team (sd). **144-145 NASA:** CXC / SAO, IXPE: NASA / MSFC / J. Vink *et al.*; Optical: NASA / STScI. **145 Science Photo Library:** NASA (cdb). **146 Alamy Stock Photo:** World History Archive (ci). Dreamstime.com: Robyn Mackenzie / Robynmac (cia, cb). **NASA:** CXC / NCSU / M. Burkey *et al*; Optical: DSS (cib); CXC / SAO & ESA; Infrared: NASA / JPL-Caltech / B. Williams (NCSU) (bc). **146-147 123RF.com:** picsfive (b). **147 123RF.com:** picsfive (s). **Eliot Herman:** (bd). **NASA:** ESA, CSA, STScI, T. Temim (Princeton University) (bc). **148-149 NASA:** ESA, J. DePasquale (STScI) y R. Hurt (Caltech / IPAC). **149 EHT Collaboration:** (bd). **150 ESA:** Hubble & NASA (bi). **151 123RF.com:** picsfive (d). **Alamy Stock Photo:** Science Photo Library (cda). **ESA:** Hubble & NASA, S. Jha, L. Shatz (cd). **152-153 Dreamstime.com:** Mgallar. **153 ESO:** (bd). **154 NASA and The Hubble Heritage Team (AURA/STScI):** A. Feild (STScI) (cib, cdb). **NASA:** ESA y The Hubble Heritage Team (STScI / AURA); J. Blakeslee (Washington State University) (bd); JPL-Caltech / ESA / STScI / CXC (cb). **155 123RF.com:** picsfive (bd). **Alamy Stock Photo:** Stocktrek Images, Inc. (cd). **Dreamstime.com:** Denys Bilytskyi (si); Robyn Mackenzie / Robynmac (cb, sc). **NASA y The Hubble Heritage Team (AURA/STScI):** A. Feild (STScI) (cb/irregular). **NASA:** JPL / Hubble (bi). **156-157 NASA. 157 NASA:** rayos X: NASA / CXC / SAO / J. DePasquale; IR: NASA / JPL-Caltech; Óptico: NASA / STScI (bd). **159 123RF.com:** picsfive (d). **NASA y The Hubble Heritage Team (AURA/STScI):** ESA y Hubble Heritage Team (STScI / AURA); (cda). **NASA:** H. Ford (JHU), G. Illingworth (UCSC / LO), M.Clampin (STScI), G. Hartig (STScI), The ACS Science Team y ESA (si); ESA y The Hubble Heritage Team (STScI / AURA) (cd); JPL-Caltech / STScI-ESA (cdb). **160-161 ESO. 161 Science Photo Library:** NASA / ESA / G. Bacon (STScI) (bd). **162 123RF.com:** picsfive (bi). **Dreamstime.com:** Robyn Mackenzie / Robynmac (cib, bc). **163 123RF.com:** picsfive (d). **NASA:** JPL-Caltech (cdb). **164-165 NASA:** JPL. **165 Alamy Stock Photo:** Jürgen Flchle (cdb).
166-167 Getty Images: Stocktrek. **166 Dreamstime.com:** Robyn Mackenzie / Robynmac (ci). **NASA y The Hubble Heritage Team (AURA/STScI):** NASA, ESA y Z. Levay (STScI) (cib). **167 Alamy Stock Photo:** NASA Image Collection (cd).

Imágenes de la cubierta: *Cubierta frontal:* **ESA:** Davide De Martin y The ESO / NASA Photoshop FITS Liberator sd, NASA, ESA, CSA, B. Robertson (UC Santa Cruz), B. Johnson (Center for Astrophysics, Harvard y Smithsonian), S. Tacchella (University of Cambridge), M. Rieke (Univ. of Arizona), D. Eisenstein (Center for Astrophysics, Harvard y Smithsonian), A. Pagan (STScI) ci; **Getty Images / iStock:** Morgan Somers bi; **Lockheed Martin:** sd/ (GOES-R ART); **NASA:** ESA y A. Simon (NASA Goddard) cib, JPL / DLR cia, ci/ (Calisto), ci/ (Ganímedes), JPL / University of Arizona cia/ (Ío); **Science Photo Library:** Dr. Juerg Alean bd, Carlos Clarivan bc, Miguel Claro si; **Shutterstock.com:** buradaki c/ (Vía Láctea), Dmitriy Rybin c; *Contracubierta:* **ESA:** Davide De Martin y The ESO / NASA Photoshop FITS Liberator si, NASA, ESA, CSA, B. Robertson (UC Santa Cruz), B. Johnson (Center for Astrophysics, Harvard y Smithsonian), S. Tacchella (University of Cambridge, M. Rieke (University of Arizona), D. Eisenstein (Center for Astrophysics, Harvard & Smithsonian), A. Pagan (STScI) cd; **Getty Images / iStock:** Morgan Somers bd; **Lockheed Martin:** si/ (GOES-R ART); **NASA:** ESA y A. Simon (NASA Goddard) cdb, JPL / DLR cda, cd/ (Calisto), cd/ (Ganímedes), JPL / University of Arizona cda/ (Ío); **Science Photo Library:** Dr. Juerg Alean bi, Carlos Clarivan bc, Miguel Claro sd; **Shutterstock.com:** buradaki c/ (Vía Láctea), Dmitriy Rybin c; *Lomo:* **NASA y The Hubble Heritage Team (AURA/STScI):** NASA, ESA, J. DePasquale (STScI) y R. Hurt (Caltech / IPAC) cb; **NASA:** ESA, CSA, Brant Robertson (UC Santa Cruz), Ben Johnson (CfA), Sandro Tacchella (Cambridge), Marcia Rieke (University of Arizona), Daniel Eisenstein (CfA), con tratamiento gráfico de Alyssa Pagan (STScI) c; **Science Photo Library:** Carlos Clarivan s, Miguel Claro b.

Resto de las imágenes:

Sobre los autores

Sophie Allan es directora de Enseñanza y Aprendizaje de la Academia Nacional del Espacio (Reino Unido). Es una apasionada del espacio y cuenta con una amplia experiencia en proyectos de educación espacial. Sophie ha desarrollado programas para la Agencia Espacial Europea, la Association of Science and Discovery Centres y el Science and Technology Facilities Council. También ha dado charlas sobre ciencia espacial en todo el mundo, y enseña en el galardonado curso de Ingeniería Espacial impartido en colaboración con el Loughborough College. Sophie ha escrito y colaborado en varios libros infantiles de DK.

Josh Barker es responsable de educación y divulgación del Space Park Leicester y el Centro Espacial Nacional. Lleva más de diez años compartiendo sus conocimientos y su pasión por el espacio y la ciencia con públicos muy diversos, desde escolares hasta profesionales de la ciencia. Ha trabajado con centros científicos, planetarios y agencias espaciales como la ESA. Josh ha colaborado con DK en varios libros infantiles.

Sobre el ilustrador

Tim Smart nunca ha estado en el espacio. Si le invitaran a embarcarse en la primera nave espacial para colonizar Marte, probablemente iría. Los dibujos favoritos de Tim en este libro son el zorro aurora y el transbordador espacial. Pintó la mayor parte de las ilustraciones en un pequeño cobertizo de ladrillo escuchando música y tomando café.